200 tests CONJUGAISON ANGLAISE

Valérie HANOL

ASSiMiL®

Module 1
BASICS

Focus Les auxiliaires

Corrigé page 9

Complétez les phrases suivantes ou répondez aux questions posées. Nous vous indiquerons lorsque plusieurs réponses sont possibles.

1. En anglais, il existe _______ auxiliaire(s).

A un B deux C trois

2. Les auxiliaires ont une fonction essentielle car ils permettent de construire _______. (plusieurs possibilités)

A un temps composé
B une forme interrogative
C une forme négative

3. **Be** et **have** sont _______. (plusieurs possibilités)

A des verbes B des auxiliaires C des verbes auxiliaires

4. Tout auxiliaire porte _______. (plusieurs possibilités)

A la négation
B la marque de la personne
C la marque du temps

5. **Do** est employé _______. (plusieurs possibilités)

A dans les temps composés
B pour construire la forme interrogative
C pour construire la forme négative

6. Les verbes auxiliaires **do**, **be** et **have** permettent de former les temps composés.

A Vrai B Faux (seulement **be** et **have**)

7. **Be** permet de former _______. (plusieurs possibilités)

A le présent continu
B le prétérit continu
C le *present perfect*

8. **Have** permet de former ________. (plusieurs possibilités)

Corrigé page 9

- Ⓐ le présent continu
- Ⓑ le *present perfect*
- Ⓒ le *past perfect*

9. On ne peut jamais construire une question sans auxiliaire.

Ⓐ Vrai Ⓑ Faux Ⓒ Affirmation incomplète

10. On ne peut jamais construire une phrase négative sans auxiliaire.

Ⓐ Vrai Ⓑ Faux Ⓒ Affirmation incomplète

11. Il n'y a jamais deux auxiliaires dans une même proposition.

Ⓐ Vrai Ⓑ Faux Ⓒ Affirmation incomplète

Focus La forme des verbes auxiliaires

Trouvez la ou les bonne(s) réponse(s).

1. **Is** et **are** sont les deux seules formes de **be** au présent.

- Ⓐ Vrai
- Ⓑ Affirmation incomplète : **am** en est une aussi
- Ⓒ Faux

2. La 3e personne du singulier de **be** est ________. (plusieurs possibilités)

Ⓐ **'s** Ⓑ **is** Ⓒ **are**

3. **Have** et **has** sont les seules formes de **have**.

Ⓐ Vrai Ⓑ Faux Ⓒ Affirmation incomplète

Module 1
BASICS

*Dans les phrases suivantes, déterminez si **be**, **have** et **do** sont employés comme verbe ou comme auxiliaire.*

Corrigé page 9

1. He has a new bike.

   (A) Verbe (B) Auxiliaire

2. He has forgotten his keys.

   (A) Verbe (B) Auxiliaire

3. Paul does a lot of sport.

   (A) Verbe (B) Auxiliaire

4. Does she wake up early?

   (A) Verbe (B) Auxiliaire

5. The sun is shining.

   (A) Verbe (B) Auxiliaire

6. Peter is sad.

   (A) Verbe (B) Auxiliaire

Trouvez la ou les bonne(s) réponse(s).

1. **Be** (plusieurs possibilités)

   (A) La forme de cet auxiliaire change à toutes les personnes.

   (B) **Am** et **is** s'utilisent au singulier.

   (C) **Are** s'utilise au pluriel.

2. **Have** ________. (plusieurs possibilités)

   (A) n'a qu'une seule forme

   (B) devient **has** à la 3e personne du singulier

   (C) s'emploie à toutes les personnes sauf à la 3e personne du singulier

Corrigé page 9

3. **Do** _______. (plusieurs possibilités)

   Ⓐ devient **does** à la 3e personne du singulier

   Ⓑ ne s'utilise pas à la forme interrogative

   Ⓒ s'utilise parfois à la forme affirmative

4. La forme négative de **be** est _______. (plusieurs possibilités)

   Ⓐ **is not** Ⓑ **am not** Ⓒ **are not**

5. La forme négative de **have** est _______. (plusieurs possibilités)

   Ⓐ **have not**

   Ⓑ **hasen't**

   Ⓒ **haven't**

6. **Be** au prétérit _______.

   Ⓐ n'a qu'une seule forme

   Ⓑ a deux formes

   Ⓒ a trois formes

7. **Have** au prétérit _______.

   Ⓐ n'a qu'une seule forme

   Ⓑ a deux formes

   Ⓒ a trois formes

8. **Do** au prétérit _______.

   Ⓐ n'a qu'une seule forme

   Ⓑ a deux formes

   Ⓒ a trois formes

9. Les formes de **be** et **have** au prétérit sont _______.

   Ⓐ **was** et **had** Ⓑ **was/were** et **had** Ⓒ **was** et **has**

Corrigé page 9

10. Le prétérit de **do** est _______.

(A) **doed** (B) **done** (C) **did**

Complétez les questions suivantes à l'aide de l'auxiliaire qui convient.

1. _______ you enjoy reading?

(A) Do (B) Have (C) Are

2. _______ you ready?

(A) Have (B) Do (C) Are

3. What time _______ the film start?

(A) has (B) is (C) does

4. _______ you cleaned your room?

(A) Are (B) Have (C) Do

5. _______ he British?

(A) Has (B) Is (C) Does

6. _______ you like this movie?

(A) Are (B) Does (C) Do

7. What _______ happens when you lose?

(A) *omission de l'auxiliaire*
(B) does
(C) is

8. _______ you got any info?

(A) Do (B) Have (C) Are

9. What _______ he doing?

(A) does (B) has (C) is

10. What _______ comes next?

(A) *omission de l'auxiliaire*

(B) does

(C) is

Corrigé page 9

Parmi les propositions données, identifiez la phrase qui est fausse.

1. (A) Does Paul like coffee?

   (B) It is raining.

   (C) Have he arrived?

2. (A) Do you listening to music?

   (B) Have you finished?

   (C) Is he coming to the party?

3. (A) They have played soccer.

   (B) John have worked a lot.

   (C) Do you agree with me?

4. (A) John has 20 years old.

   (B) John is hungry.

   (C) John is 32.

5. (A) John works full time.

   (B) John has lived in London for 5 years.

   (C) John don't like fish and chips.

Corrigé page 9

6. (A) Are the police coming?
   (B) Has the police arrived?
   (C) Have the police arrived?

7. (A) Has he agreed with me?
   (B) Does he agree with me?
   (C) Do he agree with me?

8. (A) He likes not playing the piano.
   (B) Does he like playing the piano?
   (C) He doesn't like playing the piano.

9. (A) Do everybody here?
   (B) Are everybody here?
   (C) Is everybody here?

10. (A) He is lived in London since 2013.
    (B) He doesn't live in London since 2013.
    (C) He has lived in London since 2013.

Module 1
CORRIGÉ

Basics

PAGES 2 - 3

Les auxiliaires

1 C | 2 A, B et C | 3 A, B et C | 4 A, B et C | 5 B et C | 6 B | 7 A et B | 8 B et C | 9 B | 10 B | 11 A

PAGES 3 - 8

La forme des verbes auxiliaires

1 B | 2 A et B | 3 A

1 A | 2 B | 3 A | 4 B | 5 B | 6 A

1 B et C | 2 B et C | 3 A, B et C | 4 A, B et C | 5 A et C | 6 B | 7 A | 8 A | 9 B | 10 C

1 A | 2 C | 3 C | 4 B | 5 B | 6 C | 7 A | 8 B | 9 C | 10 A

1 A | 2 A | 3 B | 4 A | 5 C | 6 C | 7 C | 8 A | 9 C | 10 C

VOTRE SCORE :

Vous avez obtenu entre 0 et 15 ? Reprenez chaque question en regardant les endroits où vous avez fait des erreurs.

Vous avez obtenu entre 16 et 31 ? C'est très moyen, mais ne vous découragez pas.

Vous avez obtenu entre 32 et 47 ? Formidable ! Analysez les erreurs et, si besoin, révisez la ou les notions que vous ne maîtrisez pas complètement.

Vous avez obtenu 48 et plus ? You're really very good!

Focus Le présent simple

Corrigé page 20

Complétez les phrases suivantes ou répondez aux questions posées.

1. On emploie le présent simple pour énoncer _______. (plusieurs possibilités)

   A une action habituelle, répétitive

   B une vérité générale

   C des lois physiques

2. En reprenant les réponses proposées à l'exercice précédent (A, B ou C), définissez la valeur du présent simple dans les actions suivantes.

   A Water boils at 100 degrees Celsius.

   B She never smokes.

   C Dogs hate cats.

3. Le présent simple est ainsi nommé car _______.

   A ce n'est pas un temps composé

   B il n'est pas compliqué à mettre en œuvre

   C on l'apprend facilement

Vrai ou faux ?

1. Il faut toujours l'auxiliaire **do** pour construire la forme affirmative.

   A Vrai　　B Faux

2. **Do** devient **does** à la 3e personne du singulier **(he/she/it)**.

   A Vrai　　B Faux

3. Il faut l'auxiliaire **do** ou **does** pour construire la forme interrogative.

   A Vrai　　B Faux

4. Il faut l'auxiliaire **don't** ou **doesn't** pour construire la forme négative.

   A Vrai　　B Faux

5. Après un auxiliaire, le verbe est toujours conjugué.

   A Vrai B Faux

6. Il faut mettre le verbe en base verbale* après l'auxiliaire **do**.

   A Vrai B Faux

7. Il faut toujours mettre un « s » aux verbes lexicaux** à la 3e personne du singulier **(he/she/it)**.

   A Vrai B Faux

8. Après **does**, il faut mettre un « s » au verbe.

   A Vrai B Faux

9. Il faut toujours mettre un « s » à la base verbale à la 3e personne du singulier après l'auxiliaire **do**.

   A Vrai B Faux

10. **We do do understand** est correct.

   A Vrai B Faux

* Le verbe à l'infinitif sans **to**.
** Un verbe non auxiliaire, c'est-à-dire ni **do, have** ou **be**.

Astuce La 3e personne du singulier **(he/she/it)** au présent simple doit capter toute votre attention ! Pensez au « s » ! **He knowS. He doeSn't know. DoeS he know?**

Parmi les propositions données, trouvez la seule phrase correcte.

Corrigé page 20

1. A Paul don't run very fast.
   B Jenny doesn't works on Saturdays.
   C John never smokes.

2. A Does John travels a lot?
   B Do the children often play?
   C Does the children often play video games?

Module 2
BASICS

3. A It often rains in London.
   B It don't often rain in California.
   C Paul play the piano.

Corrigé page 20

4. A John still love Jenny.
   B John is still love Jenny.
   C John still loves Jenny.

5. A Unemployment keeps rising.
   B Global warming has a concern.
   C Nobody have the solution.

6. A Paul seldom smokes.
   B John never follow advice.
   C Do Mr Smith often visit you?

7. A John don't often come to meetings.
   B He hardly ever comes.
   C John never agree.

8. A Money make the world go round.
   B Who know?
   C Fortune favours the bold.

9. A Two wrongs don't make a right.*
   B He has so clumsy!
   C British drinks a lot of tea.

10. A What comes next?
    B What come is next?
    C What come next?

** On ne fait pas deux poids deux mesures.*

Mettez les phrases suivantes à la forme négative.

Corrigé page 20

1. He works hard.
   - A He don't work hard.
   - B He doesn't works hard.
   - C He doesn't work hard.

2. She usually takes a taxi.
   - A She don't usually take a taxi.
   - B She not usually take a taxi.
   - C She doesn't usually take a taxi.

3. They often go out.
   - A They not often go out.
   - B They don't often go out.
   - C They often not go out.

4. Children like eating spinach.
   - A Children don't like eating spinach.
   - B Children doesn't like eating spinach.
   - C Children not like eating spinach.

5. The cat is in a good shape.
   - A The cat is in not a good shape.
   - B The cat is not in a good shape.
   - C The cat not be in a good shape.

6. Bob is always late.
   - A Bob is always not late.
   - B Bob is never late.
   - C Bob is not always late.

7. The sea level rises dangerously.
   - A The sea level doesn't rise dangerously.
   - B The sea level don't rise dangerously.
   - C The sea level not rises dangerously.

8. People spend time cooking.

   Ⓐ People doesn't spend time cooking.

   Ⓑ People don't spend time cooking.

   Ⓒ People do not spend time cooking.

Corrigé page 20

9. Birds of a feather flock together.*

   Ⓐ Birds of a feather doesn't flock together.

   Ⓑ Birds of a feather flock not together.

   Ⓒ Birds of a feather don't flock together.

10. Pictures convey emotions.

   Ⓐ Pictures doesn't convey emotions.

   Ⓑ Pictures don't convey emotions.

   Ⓒ Pictures not convey emotions.

** Qui se ressemble s'assemble.*

Mettez les phrases suivantes à la forme interrogative.

1. Susan knows the answer.

   Ⓐ Do Susan know the answer?

   Ⓑ Does Susan knows the answer?

   Ⓒ Does Susan know the answer?

2. Peter and Jenny live in London.

   Ⓐ Are peter and Jenny live in London?

   Ⓑ Does Peter and Jenny live in London?

   Ⓒ Do Peter and Jenny live in London?

3. You speak English.

   Ⓐ Do you speak English?

   Ⓑ You speak English?

   Ⓒ Are you speak English?

4. John is American.
   - **A** Do John American?
   - **B** Is John American?
   - **C** John is American?

Corrigé page 20

5. The shops close at 7p.m.
   - **A** Does the shops close at 7p.m.?
   - **B** B. Do the shops closes at 7p.m.?
   - **C** C. Do the shops close at 7p.m.?

6. He believes it.
   - **A** Does he believe it?
   - **B** Do he believe it?
   - **C** Is he believe it?

7. Paul often oversleeps.
   - **A** Does Paul often oversleep?
   - **B** Does Paul often oversleeps?
   - **C** Do Paul often oversleeps?

8. Nobody ever comes.
   - **A** Do anybody ever come?
   - **B** Does anybody ever come?
   - **C** Does anybody ever comes?

9. The squeaky wheel gets the grease.*
   - **A** Do the squeaky wheel gets the grease?
   - **B** Does the squeaky get the grease?
   - **C** Is the squeaky wheel gets the grease?

10. The company makes hefty profits.

A Does the company make hefty profits?

B Do the company make hefty profits?

C Does the company makes hefty profits?

Corrigé page 20

** Il n'y a qu'à la roue qui couine que l'on donne de l'huile.*

Astuce Pour former une phrase interrogative avec un verbe lexical (c'est-à-dire non auxiliaire), on applique le schéma suivant : auxiliaire + sujet + base verbale + ?. Exemple : **Do you understand?**

Certaines phrases à la forme interrogative ne nécessitent pas d'auxiliaire. Parmi les propositions données, identifiez la seule traduction correcte.

1. Qui sait ?

A Who does know?

B Who know?

C Who knows?

2. Qu'est-ce qui arrive quand... ?

A What happens when...?

B What happen when...?

C What is happen when...?

3. Qui vient ?

A Who come?

B Who comes?

C Who does come?

Parmi les propositions données, identifiez la seule traduction correcte.

1. John travaille dur tous les jours.

A John work hard every day.

B John is working hard every day.

C John works hard every day.

Corrigé page 20

2. Est-ce que Jenny travaille les samedis ?
   - **A** Is Jenny working on Saturdays?
   - **B** Does Jenny work on Saturdays?
   - **C** Do Jenny work on Saturdays?

3. Cela arrive parfois.
   - **A** It sometimes happens.
   - **B** It sometimes happen.
   - **C** It's sometimes happen.

4. Est- ce qu'il rend souvent visite à ses grands-parents ?
   - **A** Do he visit often his grandparents?
   - **B** Does he often visit his grandparents?
   - **C** Is he often visiting his grandparents?

5. Cet ordinateur me rend fou.
   - **A** This laptop make me crazy.
   - **B** This laptop makes me crazy.
   - **C** This laptop is make me crazy.

6. Qu'est-ce qui te fait croire ça ?
   - **A** What does make you think so?
   - **B** What makes you think so?
   - **C** What is make you think so?

7. Il utilise rarement sa voiture.
   - **A** He don't use his car often.
   - **B** He not use his car often.
   - **C** He hardly uses his car.

8. Le soleil ne brille pas souvent en Laponie.

A The sun doesn't often shine in Lapland.

B The sun don't shine often in Lapland.

C The sun not shine often in Lapland.

Corrigé page 20

9. Que fais-tu le dimanche ?

A What do you do on Sundays?

B What you do on Sundays?

C What are you doing on Sundays?

10. Est-ce qu'il y comprend quelque chose ?

A Do he understand at all?

B Does he understand at all?

C He understands at all?

Astuce Les verbes conjugués au présent simple sont souvent accompagnés d'adverbes tels que **often**, **never**, **always**, **sometimes**, **seldom**, **rarely**, **usually**.

Focus La forme emphatique

Parmi les propositions données, identifiez la seule traduction correcte.

1. Mais si, je te crois !

A I believe you!

B I believe you really!

C I do believe you!

2. Il l'aime vraiment !

A He loves her!

B He does love her!

C He loves her much!

3. Je vous jure, je fais mes devoirs !

   - **A** I swear, I do my homework!
   - **B** I swear, I am doing my homework!
   - **C** I swear, I do do my homework.

Corrigé page 20

4. Je vous assure, je sais de quoi je parle.

   - **A** I know what I am talking about.
   - **B** I do know what I am talking about.
   - **C** I assure you that I know talking about.

Astuce On utilise parfois **do** dans les phrases affirmatives pour marquer l'insistance. Il s'agit de la forme emphatique.

Module 2
CORRIGÉ

Basics

PAGES 11 - 18

Le présent simple

1 A, B et C 2 A C, B A, C B 3 A

1 B 2 A 3 B 4 A 5 B 6 A 7 A 8 B 9 A 10 A

1 C 2 B 3 A 4 C 5 A 6 A 7 B 8 C 9 B 10 A

1 C 2 C 3 B 4 A 5 B 6 C 7 A 8 B et C 9 C 10 B

1 C 2 C 3 A 4 B 5 C 6 A 7 A 8 B 9 B 10 B

1 C 2 A 3 B

1 C 2 B 3 A 4 B 5 B 6 B 7 C 8 A 9 A 10 B

PAGES 18 - 19

La forme emphatique

1 C 2 B 3 C 4 B

VOTRE SCORE :

Vous avez obtenu entre 0 et 25 ? Reprenez chaque question en regardant les endroits où vous avez fait des erreurs.

Vous avez obtenu entre 26 et 41 ? C'est très moyen, mais ne vous découragez pas.

Vous avez obtenu entre 42 et 57 ? Formidable ! Analysez les erreurs et, si besoin, révisez la ou les notions que vous ne maîtrisez pas complètement.

Vous avez obtenu 58 et plus ? You're really very good!

Focus Le présent continu

Corrigé page 24

Complétez les phrases suivantes ou répondez aux questions posées.

1. Le présent continu est aussi appelé ________. (plusieurs possibilités)

   A présent en **be + -ing**

   B présent progressif

   C présent de l'action

2. Le présent continu permet d'exprimer une action ________. (plusieurs possibilités)

   A qui est en cours de réalisation

   B qui se déroule au moment où l'on parle

   C future

3. En reprenant les réponses proposées à l'exercice précédent (A, B ou C), définissez la valeur du présent continu dans les actions suivantes.

   A He is flying to NY on Wednesday.

   B I am learning the guitar.

   C Oh no, the dog is chasing the postman!

4. Le présent continu est un temps ________.

   A simple B compliqué C composé

5. Le présent continu est obligatoirement formé ________. (plusieurs possibilités)

   A de l'auxiliaire **have**.

   B de l'auxiliaire **be**.

   C du verbe + **-ing**.

6. Au présent continu, il y a toujours la présence de ________.

   A **have/has** B **is/are** C **am/is/are**

7. Le verbe qui suit l'auxiliaire **be** ________.

   A sera toujours en base verbale

   B prendra un « s » à la 3e personne du singulier

   C sera toujours en base verbale + **-ing**

8. Pour construire la forme négative, il faut ______. (plusieurs possibilités)

Corrigé page 24

- A utiliser **do** ou **does**
- B mettre **be** à la forme négative
- C il faut juste ajouter **not** à la forme affirmative

9. Pour construire la forme interrogative, il faut ______.

- A utiliser **don't** ou **doesn't**
- B mettre juste un point d'interrogation
- C inverser **be** avec le sujet

10. Lorsqu'on écrit un verbe en **-ing** ______. (plusieurs possibilités)

- A son orthographe ne change jamais
- B la consonne finale est parfois doublée
- C les verbes terminés en **-ie** prennent la terminaison **-ying**

*Complétez les phrases suivantes pour obtenir une forme au présent continu en **be** + **-ing**.*

1. John and Peter ______ watching TV.

A is — B are — C am

2. Peter ______ working today.

A is — B are — C am

3. The police ______ patrolling.

A is — B are — C am

4. The man is ______ on his bed.

A lieing — B liing — C lying

5. The boy is ______ after the ball.

A runing — B running — C run

6. Peter _______ working today. (plusieurs possibilités)

   (A) is'not (B) is not (C) isn't

7. My parents _______ eating out tonight. (plusieurs possibilités)

   (A) aren't (B) are not (C) don't

8. _______ you doing alright?

   (A) Do (B) Is (C) Are

9. What _______ he doing?

   (A) is (B) are (C) does

10. _______ I dreaming?

   (A) Are (B) Do (C) Am

Astuce Les verbes au présent continu en **be** + **-ing** sont souvent accompagnés des termes ou verbes suivants : **now**, **at the moment**, **today**, **look**, **listen**.

Module 3
CORRIGÉ

Basics

PAGES 21 - 23

Le présent continu

1 Ⓐ et Ⓑ | 2 Ⓐ, Ⓑ et Ⓒ | 3 ⒶⒸ, ⒷⒶ, ⒸⒷ | 4 Ⓒ | 5 Ⓑ et Ⓒ | 6 Ⓒ | 7 Ⓒ | 8 Ⓑ et Ⓒ | 9 Ⓒ | 10 Ⓑ et Ⓒ

1 Ⓑ | 2 Ⓐ | 3 Ⓑ | 4 Ⓒ | 5 Ⓑ | 6 Ⓑ et Ⓒ | 7 Ⓐ et Ⓑ | 8 Ⓒ | 9 Ⓐ | 10 Ⓒ

VOTRE SCORE :

Vous avez obtenu entre 0 et 5 ? Reprenez chaque question en regardant les endroits où vous avez fait des erreurs.

Vous avez obtenu entre 6 et 11 ? C'est très moyen, mais ne vous découragez pas.

Vous avez obtenu entre 12 et 17 ? Formidable ! Analysez les erreurs et, si besoin, révisez la ou les notions que vous ne maîtrisez pas complètement.

Vous avez obtenu 18 et plus ? You're really very good!

Corrigé page 31

Focus Le *present perfect*

Complétez les phrases suivantes.

1. Le *present perfect* est un temps difficile car _______. (plusieurs possibilités)
   - A il n'a pas d'équivalent en français
   - B c'est un présent parfait qui n'a aucun rapport avec le passé composé français
   - C c'est un temps composé

2. Le *present perfect* permet _______. (plusieurs possibilités)
   - A d'exprimer une action passée
   - B d'exprimer une action qui vient juste de se terminer
   - C d'exprimer une action qui a encore des conséquences dans le présent

3. Le *present perfect* permet aussi de _______.
   - A traduire un passé composé français
   - B de faire un constat, un bilan
   - C d'exprimer l'action qui est en train de se dérouler

4. La phrase **He has lived in London for 5 years** signifie qu'il _______.
   - A a vécu 5 ans à Londres
   - B n'habite plus à Londres
   - C habite Londres depuis 5 ans

5. La phrase **Have you ever visited New York?** signifie que _______.
   - A c'est une réelle demande d'information
   - B la personne a déjà visité New York
   - C la personne a le projet de visiter New York

6. Le *present perfect* est composé de _______.
   - A l'auxiliaire **be** + participe passé
   - B l'auxiliaire **have** + participe passé
   - C l'auxiliaire **have** + verbe en **-ed**

7. Le participe passé d'un verbe ________. (plusieurs possibilités)

Corrigé page 31

- A s'accorde avec le sujet
- B peut être régulier
- C peut être irrégulier

8. À présent, souvenez-vous des tableaux des verbes irréguliers qu'il fallait apprendre par cœur à l'école :

be	was/were	been	être
cut	cut	cut	couper
eat	ate	eaten	manger
...	...	...	...

Le participe passé d'un verbe irrégulier se trouve dans ________.

- A la première colonne
- B la deuxième colonne
- C la troisième colonne

9. Le participe passé d'un verbe régulier se termine ________.

- A toujours par **-d**
- B toujours par **-ed**
- C toujours par **-en**

10. Pour construire une phrase au *present perfect*, ________. (plusieurs possibilités)

- A il faut savoir conjuguer l'auxiliaire **have**
- B il faut savoir identifier un verbe irrégulier
- C il faut parfaitement connaître les verbes irréguliers

Astuce Voici quelques mots-clés qui accompagnent souvent les verbes au *present perfect* : **since**, **for**, **ever**, **already**, **just**, **not... yet**.

Parmi les propositions données, trouvez le participe passé des verbes suivants.

1. geler
   Ⓐ froze Ⓑ frozed Ⓒ frozen

2. entendre
   Ⓐ heared Ⓑ heard Ⓒ eared

3. poser à plat
   Ⓐ laid Ⓑ lain Ⓒ lay

4. voir
   Ⓐ sawed Ⓑ sawn Ⓒ seen

5. courir
   Ⓐ run Ⓑ runned Ⓒ ran

6. être étendu
   Ⓐ lle Ⓑ lay Ⓒ lain

7. chanter
   Ⓐ sanq Ⓑ song Ⓒ sung

8. trouver
   Ⓐ founded Ⓑ finded Ⓒ found

9. penser
   Ⓐ thinked Ⓑ thought Ⓒ though

10. jeter
    Ⓐ throwed Ⓑ throwed Ⓒ thrown

11. porter un vêtement
    Ⓐ weared Ⓑ worn Ⓒ wore

Module 4
BASICS

Parmi les propositions données, identifiez la seule phrase correcte.

Corrigé page 31

1. A The children have broken their toys.
   B The children has broken their toys.
   C The children have broked their toys.

2. A I have spend $5 on that tee shirt.
   B I have spended $5 on that tee shirt.
   C I have spent $5 on that tee shirt.

3. A John have just fed the cat.
   B John has just fed the cat.
   C John has just feeded the cat.

4. A Oh no, I forgot my keys!
   B Oh no, I have forgotten my keys!
   C Oh no, I have forgot my keys!

5. A Peter and Jenny have known each other for 10 years
   B Peter and Jenny know each other for 10 years.
   C Peter and Jenny has known each other for 10 years.

6. A Look at you! You grew a beard!
   B Look at you! You have grown a beard!
   C Look at you! You have grew a beard!

7. A He has just withdrew money.
   B He have just withdrawn money.
   C He has just withdrawn money.

8. A I have told you the truth!
   B I have said you the truth!
   C I have tell the truth!

9. (A) The work is done properly. Congrats!
(B) The work has been done properly. Congrats!
(C) The work have been done properly. Congrats!

Corrigé page 31

10. (A) Look, the turtles have lain hundreds of eggs on the beach.
(B) Look, the turtles has laid hundreds of eggs on the beach.
(C) Look, the turtles have laid hundreds of eggs on the beach.

Parmi les propositions données, identifiez la seule traduction correcte.

1. Peter travaille pour la même compagnie depuis 10 ans.
(A) Peter worked for the same company for 10 years.
(B) Peter works for the same company for 10 years.
(C) Peter has worked for the same company for 10 years.

2. John n'a pas encore fini son devoir.
(A) John doesn't finished his assignment yet.
(B) John hasn't finished his assignment yet.
(C) John is finishing his assignment.

3. Est-ce que tu as déjà sauté en parachute ?
(A) Have you ever skydived?
(B) Did you already skydived?
(C) Are you already skydived?

4. Les Smith sont mariés depuis 1991.
(A) The Smiths got married since 1991.
(B) The Smiths have been married since 1991.
(C) The Smiths married since 1991.

Corrigé page 31

5. Il vient juste de partir.
   - A He just left.
   - B He has just leave.
   - C He has just left.

6. J'ai pris ma décision !
   - A I made up my mind!
   - B I make up my mind!
   - C I have made up my mind!

7. Je n'ai jamais vu une telle chose !
   - A I have never seen such a thing!
   - B I never see such thing!
   - C I never saw such a thing!

8. Tu as vu mes lunettes quelque part ?
   - A Did you see my glasses somewhere?
   - B Have you seen my glasses somewhere?
   - C You have seen my glasses somewhere?

9. Paul habite à Londres depuis cinq ans.
   - A Paul lived London for five years.
   - B Paul is living London for five years.
   - C Paul has lived in London for five years.

10. Aïe, je viens de me faire une entorse à la cheville.
    - A Ouch, I just sprained my ankle.
    - B Ouch, I have just sprained my ankle.
    - C Ouch, I have just sprain my ankle.

Basics

PAGES 25 - 30

Le *present perfect*

1 Ⓐ, Ⓑ et Ⓒ 2 Ⓑ et Ⓒ 3 Ⓑ 4 Ⓒ 5 Ⓐ 6 Ⓑ 7 Ⓑ et Ⓒ 8 Ⓒ 9 Ⓐ 10 Ⓐ, Ⓑ et Ⓒ

1 Ⓒ 2 Ⓑ 3 Ⓐ 4 Ⓒ 5 Ⓐ 6 Ⓒ 7 Ⓒ 8 Ⓒ 9 Ⓑ 10 Ⓑ 11 Ⓑ

1 Ⓐ 2 Ⓒ 3 Ⓑ 4 Ⓑ 5 Ⓐ 6 Ⓑ 7 Ⓒ 8 Ⓐ 9 Ⓑ 10 Ⓒ

1 Ⓒ 2 Ⓑ 3 Ⓐ 4 Ⓑ 5 Ⓒ 6 Ⓒ 7 Ⓐ 8 Ⓑ 9 Ⓒ 10 Ⓑ

VOTRE SCORE :

Vous avez obtenu entre 0 et 5 ? Reprenez chaque question en regardant les endroits où vous avez fait des erreurs.

Vous avez obtenu entre 6 et 21 ? C'est très moyen, mais ne vous découragez pas.

Vous avez obtenu entre 22 et 37 ? Formidable ! Analysez les erreurs et, si besoin, révisez la ou les notions que vous ne maîtrisez pas complètement.

Vous avez obtenu 38 et plus ? You're really very good!

Module 5
BASICS

Focus Le *present perfect* en *be + -ing* ou *present perfect* continu

Complétez les phrases suivantes.

1. Le *present perfect* continu permet d'exprimer une action _______. (plusieurs possibilités)

   A qui a commencé dans le passé

   B dont les effets sont encore visibles au moment où l'on parle

   C qui n'est pas encore terminée

2. La formation du *present perfect* en **be + -ing** est _______. (plusieurs possibilités)

   A **have been** + participe passé

   B **has been** + participe passé

   C **is been** + participe passé

Corrigé page 37

Parmi les propositions données, identifiez la seule traduction correcte.

1. Il est épuisé, il travaille depuis 6 heures ce matin et il n'a pas encore fini.

   A He is exhausted: he has been working since 6 a.m. and he finished.

   B He is exhausted: he has been working since 6 a.m. and he hasn't finished yet.

   C He is exhausted: he has worked since 6 a.m. and he hasn't finished yet.

2. Tu as les yeux bouffis, est-ce que tu as joué aux jeux vidéos toute la journée ?

   A Your eyes are puffy, have you been playing video games all day?

   B Your eyes are puffy, did you play video games all day?

   C Your eyes are puffy, have you played video games all day?

3. Je cuisine depuis des heures et le dîner n'est pas prêt.

   A I have cooked for hours and dinner is not ready.

   B I have been cooking for hours and dinner is not ready.

   C I cook for hours and dinner is not ready.

Corrigé page 37

4. As-tu vu Peter récemment ?

   A Have you been seeing Peter recently?

   B Did you see Peter recently?

   C Have you seen Peter recently?

5. Est-ce qu'il a bu ? Il titube.

   A Has he been drinking? He is staggering.

   B Did he drink? He is staggering.

   C Has he drunk?

6. Depuis combien de temps travaille-t-elle pour cette entreprise ?

   A How long has she worked for this company?

   B How long has she been working for this company?

   C How long have she worked for this company?

7. Il travaille depuis 10 ans dans la même entreprise.

   A He has been working for 10 years in the same company.

   B He has worked for the same company for 10 years.

   C He is working for the same company for 10 years.

8. La société a changé sa politique.

   A The company has changed its policy.

   B The company has been changing its policy.

   C The company is changing its policy.

Choisissez le temps qui convient pour traduire les phrases suivantes.

1. Les émissions de $C0_2$ augmentent le réchauffement climatique.

   A Présent simple

   B Présent en **be + -ing**

   C *Present perfect*

Corrigé page 37

2. On construit un nouveau pont.
   - A Présent simple
   - B Présent en **be + -ing**
   - C *Present perfect*

3. John est en train de passer un entretien.
   - A Présent simple
   - B Présent en **be + -ing**
   - C *Present perfect*

4. John étudie depuis quatre ans.
   - A Présent simple
   - B Présent en **be + -ing**
   - C *Present perfect*

5. Qu'est-ce tu fais ce week-end ?
   - A Présent simple
   - B Présent en **be + -ing**
   - C *Present perfect*

6. Qu'est-ce que tu fais les week-ends ?
   - A Présent simple
   - B Présent en **be + -ing**
   - C *Present perfect*

7. Je suis désolé, j'ai cassé un verre.
   - A Présent simple
   - B Présent en **be + -ing**
   - C *Present perfect*

8. Nous avons voyagé dans dix pays étrangers.

Corrigé page 37

- **A** Présent simple
- **B** Présent en **be + -ing**
- **C** *Present perfect*

9. La direction prépare le budget pour l'année prochaine.

- **A** Présent simple
- **B** Présent en **be + -ing**
- **C** *Present perfect*

10. C'est en forgeant que l'on devient forgeron.

- **A** Présent simple
- **B** Présent en **be + -ing**
- **C** *Present perfect*

Parmi les propositions données, identifiez la phrase où le present perfect *est employé correctement.*

1. **A** We haven't had any problems with our car so far.
   B We haven't been having any problems with our car.
2. **A** The ground is wet. It has been raining.
   B The ground is wet. It has rained.
3. **A** Have you ever visited the Taj Mahal?
   B Have you ever been visiting the Taj Mahal?
4. **A** It is the first time he has been doing skydiving.
   B It is the first time he has done skydiving
5. **A** Someone has been using my laptop, it is not at the same place.
   B Someone has used my laptop, it is not at the same place.
6. **A** He has been driving for hours, he must have a break.
   B He has driven for hours, he must have a break.

Corrigé page 37

7. **A** How long has she been being harassed?

   B How long has she been harassed?

8. **A** She has been enduring abuses for months and she has decided to sue her boss.

   B She has endured abuses for months.

9. **A** I have been looking for another job, but in vain.

   B I have looked for another job since last week.

10. **A** I have been learning English.

    B I have learnt English.

Astuce Le *present perfect* simple est employé pour parler d'une action qui a commencé dans le passé et dont le résultat et les conséquences sont encore visibles dans le présent. Le *present perfect* en **be** + **ing** permet quant à lui de parler d'une action qui est toujours en cours.

Module 5
CORRIGÉ

Basics

PAGES 32 - 36

Le *present perfect* en **be + -ing** ou *present perfect* continu

1 A, B et C 2 A et B

1 B 2 A 3 B 4 C 5 A 6 B 7 A 8 A

1 A CO_2 emissions increase global warming.
2 B A new bridge is being built.
3 B John is being interviewed.
4 C John has studied (been studying) for 4 years.
5 B What are you doing at the weekend?
6 A What do you do at weekends?
7 C I am sorry, I have broken a glass.
8 C We have travelled to 10 foreign countries.
9 B The board is planning next year's budget.
10 A Practice makes perfect.

1 A 2 A 3 A 4 B 5 A 6 A 7 B 8 A 9 A 10 A

VOTRE SCORE :

Vous avez obtenu entre 0 et 5 ? Reprenez chaque question en regardant les endroits où vous avez fait des erreurs.
Vous avez obtenu entre 6 et 11 ? C'est très moyen, mais ne vous découragez pas.
Vous avez obtenu entre 12 et 27 ? Formidable ! Analysez les erreurs et, si besoin, révisez la ou les notions que vous ne maîtrisez pas complètement.
Vous avez obtenu 28 et plus ? You're really very good!

Module 6
REVISE

Focus Les trois présents

Corrigé page 40

Complétez les phrases suivantes.

1. The postman _____ the mail every morning.
   - (A) has delivered
   - (B) delivers
   - (C) deliver
2. The egyptologists _____ a new sarcophagus! That's amazing!
   - (A) find
   - (B) has found
   - (C) have found
3. Listen! The dog _____!
   - (A) barks
   - (B) has barked
   - (C) is barking
4. What a shame! You _____ just _____ John.
   - (A) have/missed
   - (B) are/missing
   - (C) Ø/miss
5. He _____ fast enough to join the team.
   - (A) isn't running
   - (B) doesn't run
   - (C) don't run
6. _____ John _____ yet?
   - (A) Does/arrive
   - (B) Is/arriving
   - (C) Has/arrived
7. I _____ him for ages.
   - (A) haven't seen
   - (B) see
   - (C) am seeing
8. What _____ you _____ about? Shut up!
   - (A) do/complain
   - (B) are/complaining
   - (C) have/ complained
9. He _____ like a fish.
   - (A) has drunk
   - (B) is drinking
   - (C) drinks
10. Jenny _____ for the same company since 2001.
    - (A) is working
    - (B) works
    - (C) has worked
11. How you _____! I hardly recognized you!
    - (A) are growing
    - (B) have grown
    - (C) grow

12. This is the first time I _____ water skiing.

    A have done B do C am doing

13. Children often _____ badly.

    A are behaving B have behaved C behave

14. We _____, we can go out.

    A are finishing B have finished C finish

15. Nobody _____ to see us ever since we moved.

    A is coming B comes C has come

16. He never _____ up.

    A gives B has given C giving

17. Despite the vet's advice, he _____ his cat too much.

    A is feeding B has fed C feeds

18. She _____ to the cinema once a week.

    A is going B go C goes

19. I _____ "The old man and the sea" 3 times.

    A read B am reading C have read

20. Don't disturb him, he _____.

    A is working B has worked C works

Module 6
CORRIGÉ

Revise

PAGES 38 - 39

Les trois présents

1 B 2 C 3 C 4 A 5 B 6 C 7 A 8 B 9 C 10 C 11 B 12 A 13 C 14 B
15 C 16 A 17 C 18 C 19 C 20 A

VOTRE SCORE :

Vous avez obtenu entre 0 et 5 ? Reprenez chaque question en regardant les endroits où vous avez fait des erreurs.

Vous avez obtenu entre 6 et 11 ? C'est très moyen, mais ne vous découragez pas.

Vous avez obtenu entre 12 et 17 ? Formidable ! Analysez les erreurs et, si besoin, révisez la ou les notions que vous ne maîtrisez pas complètement.

Vous avez obtenu 18 et plus ? You're really very good!

Focus Le prétérit simple

Corrigé page 48

Complétez les phrases suivantes.

1. Le prétérit simple permet de traduire _______. (plusieurs possibilités)

   A le passé composé français

   B l'imparfait français

   C le passé simple français

2. Le prétérit simple est ainsi nommé car _______.

   A il est facile à utiliser

   B ce n'est pas un temps composé

   C il ressemble au passé simple

3. Le prétérit permet d'exprimer des actions qui sont _______. (plusieurs possibilités)

   A datées B passées C révolues

4. Pour construire sa forme négative, on a besoin de _______.

   A l'auxiliaire **do**

   B l'auxiliaire **didn't**

   C **be** au prétérit

5. Pour construire sa forme interrogative, on a besoin de _______.

   A l'auxiliaire **do**

   B l'auxiliaire **be** au prétérit

   C l'auxiliaire **did**

6. L'auxiliaire **do** au prétérit _______.

   A a plusieurs formes

   B s'accorde à la 3e personne du singulier

   C n'a qu'une seule forme pour toutes les personnes

7. Après l'auxiliaire **did** ou **didn't**, _______.

Corrigé page 48

- A il faut conjuguer le verbe au prétérit
- B il faut toujours une base verbale
- C on accorde le verbe avec le sujet

8. Pour conjuguer un verbe au prétérit à la forme affirmative, _______. (plusieurs possibilités)

- A on ajoute **-ed** aux verbes réguliers
- B on apprend la deuxième colonne du tableau des verbes irréguliers (la colonne « prétérit »)
- C on met **did** lorsque la phrase est à la forme emphatique

9. Les formes affirmative, négative et interrogative au prétérit _______.

- A ont la même structure grammaticale qu'au présent simple
- B n'ont pas la même structure grammaticale qu'au présent simple
- C n'utilisent pas le même auxiliaire qu'au présent simple

10. On utilise le prétérit des verbes irréguliers _______.

- A pour construire une forme négative
- B pour construire une forme interrogative
- C seulement pour construire la forme affirmative

Parmi les propositions données, trouvez la transposition des phrases suivantes au prétérit correcte.

1. John eats a lot.

- A John did eat a lot.
- B John ate a lot.
- C John has eaten a lot.

2. How much does it cost?

- A How much it cost?
- B How much did it costs?
- C How much did it cost?

3. Do you hear that?
   - **A** You heard that?
   - **B** Did you hear that?
   - **C** Did you heard that?

4. Who comes next?
   - **A** Who came next?
   - **B** Who did come next?
   - **C** Who did came?

Corrigé page 48

Astuce Voici des mots et des formules qui accompagnent souvent un verbe au prétérit : **yesterday**, **ago**, **last**, une date du passé, un événement du passé (exemples : **During WWII**, **when I was a child**...).

Parmi les propositions données, trouvez le prétérit des verbes suivants.

1. boire
   - **A** drinked **B** drank **C** drunk
2. se réveiller
   - **A** awoke **B** awaked **C** awoken
3. choisir
   - **A** chose **B** choose **C** choosed
4. pardonner
   - **A** forgived **B** forgiven **C** forgave
5. voler
   - **A** flied **B** flew **C** flown
6. signifier, vouloir dire
   - **A** meant **B** meaned **C** mean
7. couler
   - **A** sinked **B** sank **C** sunk

8. mentir

A lied B lay C laid

9. accélérer

A speed B speeded C sped

10. écrire

A written B wrote C writed

Parmi les propositions données, trouvez la transposition des phrases suivantes à la forme négative correcte.

Corrigé page 48

1. The CEO thought it was a good idea.
   - A The CEO didn't thought it was a good idea.
   - B The CEO not think it was a good idea.
   - C The CEO didn't think it was a good idea.

2. The tourists flew to New York.
   - A The tourists didn't fly to New York.
   - B The tourists didn't flew to New York.
   - C The tourists not flew to New York.

3. The toddler fell down the stairs.
   - A The toddler didn't feel down the stairs.
   - B The toddler didn't fall down the stairs.
   - C The toddler didn't fell down the stairs.

4. They shook hands.
   - A They didn't shook hands.
   - B They didn't shaken hands.
   - C They didn't shake hands.

5. The economy shrank.

A The economy didn't shrank.

B The economy not shrank.

C The economy didn't shrink.

6. He was shot dead.

A He didn't shoot dead.

B He wasn't shot dead.

C He didn't shot dead.

Parmi les propositions données, trouvez la transposition des phrases suivantes à la forme interrogative correcte.

1. John came first.

A John came first?

B Did John came first?

C Did John come first?

Corrigé page 48

2. I knew what his job was.

A Do you know what his job was?

B Did you knew what his job was?

C Did you know what his job was?

3. He used to drive to work.

A Used he drive to work?

B Did he use to drive to work?

C Did he used to drive to work?

4. He was taken to hospital.

A Was he taken to hospital?

B Did he take to hospital?

C Did they take him to hospital?

5. He died of a bad flu.

Corrigé page 48

- A Did he died of a bad flu?
- B Did he die of a bad flu?
- C Did he dye of a bad flu?

6. He went on a diet.

- A He went on a diet?
- B Did he went on a diet?
- C Did he go on a diet?

7. Something happened.

- A What did happen?
- B What was happened?
- C What happened?

8. The doctors agreed on the diagnosis.

- A Do the doctors agree on the diagnosis?
- B Did the doctors agree on the diagnosis?
- C Did the doctors agreed on the diagnosis?

9. Barack Obama was born in Hawai.

- A Did Barack Obama born in Hawai?
- B Barack Obama was born in hawai?
- C Was Barack Obama born in Hawai?

10. She was 92 when she died.

- A How old was she when she died?
- B How old did she was when she died?
- C How old did she when she died?

11. Peter stole the item.

   A Who did steal the item?

   B Who stole the item?

   C Who steal the item?

Focus La prononciation du prétérit

*Pour les verbes suivants, dites si le final **-ed** se prononce [d], [id] ou [t].*

Corrigé page 48

1. carried

   A [d] B [id] C [t]

2. listened

   A [d] B [id] C [t]

3. worked

   A [d] B [id] C [t]

4. started

   A [d] B [id] C [t]

5. played

   A [d] B [id] C [t]

Dans les listes suivantes, la terminaison d'un des verbes ne se prononce pas comme celle des deux autres. Trouvez de quel verbe il s'agit.

1. A fixed B cooked C arrived
2. A planned B existed C visited
3. A cleaned B shouted C pushed

Astuce Il faut se fier au son plus qu'à la lettre finale du verbe.
Après les sons [p], [k], [f], [s], [tch], on prononce « [t] ».
Après le son [d], [t], on prononce [id].

Module 7
CORRIGÉ

Basics

PAGES 41 - 47
Le prétérit simple

1 A, B et C 2 B 3 A, B et C 4 B 5 C 6 C 7 B 8 A, B et C 9 A 10 C

1 B 2 C 3 B 4 A

1 B 2 A 3 A 4 C 5 B 6 A 7 B 8 A 9 C 10 B

1 C 2 A 3 B 4 C 5 C 6 B

1 C 2 C 3 B 4 A 5 B 6 C 7 C 8 B 9 C 10 A 11 B

PAGE 47
La prononciation du prétérit

1 B 2 A 3 C 4 B 5 A
1 C 2 A 3 B

VOTRE SCORE :

Vous avez obtenu entre 0 et 15 ? Reprenez chaque question en regardant les endroits où vous avez fait des erreurs.
Vous avez obtenu entre 16 et 31 ? C'est très moyen, mais ne vous découragez pas.
Vous avez obtenu entre 32 et 47 ? Formidable ! Analysez les erreurs et, si besoin, révisez la ou les notions que vous ne maîtrisez pas complètement.
Vous avez obtenu 48 et plus ? You're really very good!

Focus **Le prétérit en *be + -ing***

Corrigé page 53

Complétez les phrases suivantes.

1. Le prétérit en **be + -ing** permet d'exprimer des actions _______. (plusieurs possibilités)

   (A) passées, datées, terminées

   (B) qui ont duré un certain temps dans le passé

   (C) qui ont encore des conséquences dans le présent

2. Le prétérit en **be + -ing** se forme toujours avec _______.

   (A) l'auxiliaire **have** au prétérit + base verbale + **-ing**

   (B) l'auxiliaire **be** au prétérit + base verbale + **-ing**

   (C) l'auxiliaire **do** au prétérit + base verbale + **-ing**

3. La structure des phrases au prétérit en **be + -ing** _______. (plusieurs possibilités)

   (A) est similaire au présent en **be + -ing**

   (B) utilise un autre auxiliaire que **be**

   (C) ressemble au présent en **be + -ing**, il faut juste conjuguer **be** au prétérit

4. L'auxiliaire **be** au prétérit n'a que deux formes.

   (A) Vrai

   (B) Faux

   (C) Affirmation incomplète

5. Parmi les phrases suivantes, laquelle ou lesquelles est/sont correcte(s) ?

   (A) The sun was shining.

   (B) The birds were migrating.

   (C) I was watching TV.

6. Pour construire sa forme négative, on utilise l'auxiliaire_______. (plusieurs possibilités)

   (A) **didn't**

   (B) **wasn't**

   (C) **weren't**

7. Pour construire sa forme interrogative on a besoin de _______. (plusieurs possibilités)

(A) was (B) did (C) were

Astuce Pour construire le prétérit en **be** + **-ing**, il faut repérer si le sujet est singulier, auquel cas on utilisera **was**, ou pluriel, auquel cas on utilisera **were**, puis ajouter **-ing** au verbe !

Focus La concordance des temps au passé

Parmi les propositions données, trouvez la seule traduction correcte.

1. Nous étions en train de dormir quand nous entendîmes un gros bruit.
   - (A) We slept when we heard a big noise.
   - (B) We were sleeping when we were hearing a big noise.
   - (C) We were sleeping when we heard a big noise.
2. Que faisiez-vous quand je vous ai appelé ?
   - (A) What did you do when I was calling you?
   - (B) What were you doing when I called you?
   - (C) What was you doing when I called you?

Corrigé page 53

3. Nous faisions nos devoirs pendant qu'ils jouaient aux jeux vidéos.
   - (A) We were doing our homework while they were playing video games.
   - (B) We were doing our homework while they played video games.
   - (C) We did our homework while they were playing video games.
4. Ils faisaient une randonnée quand un orage éclata.
   - (A) They hiked when a storm burst.
   - (B) They were hiking when a storm was bursting.
   - (C) They were hiking when a storm burst.
5. Le jardinier taillait la haie quand il tomba de l'échelle.
   - (A) The gardener was trimming the hedge when he fell from the ladder.
   - (B) The gardener trimmed the hedge when he was falling from the ladder.
   - (C) The gardener was trimming the hedge when he was falling from the ladder.

6. Je croyais qu'ils se réunissaient.

   A I thought they held a meeting.

   B I thought they were holding a meeting.

   C I was thinking they held a meeting.

7. Nous étions en train de conduire quand nous apprîmes que les tours s'étaient effondrées.

   A We drove when we heard that he towers had collapsed.

   B We drove when we were hearing that the towers had collapsed.

   C We were driving when we heard the towers had collapsed.

8. Que faisiez-vous la nuit du 6 mai ?

   A What was you doing during the night of May 6?

   B What were you doing during the night of May 6?

   C What did you do during the night of May 6?

Complétez les phrases suivantes.

Corrigé page 53

1. Jenny ________ a bath when the phone ________.

   A had / rang

   B was having / rang

   C was having / was ringing

2. I ________ when my parents ________.

   A was chilling / turned up

   B chilled / were turning up

   C chilled / turned up

3. The man ________ over the speed limit when the accident ________ .

   A drove / was happening

   B was driving / was happening

   C was driving / happened

4. What ________ when the fire ________?

Ⓐ were you doing / broke out

Ⓑ were you doing / was breaking out

Ⓒ was you doing / broke out

5. He ________ sick when he ________ in raging seas.

Ⓐ wasn't being / sailed

Ⓑ wasn't / sailed

Ⓒ wasn't / was sailing.

Astuce Pour respecter la concordance des temps, il faut repérer l'action longue qui sera rendue par le prétérit en **be** + **-ing** et l'action courte qui sera rendue par le prétérit simple.

Focus Le *pluperfect* ou *past perfect*

Complétez le texte suivant en respectant la concordance des temps.

I ________ in my office, at home, when my little girl ________. I realized she ________ and I immediately ________ something bad had happened. Actually, our cat ________ a mouse which now ________ in the kitchen. I ________ the door and it ________ while my girl ________ the cat. When my husband ________ back home, we told him the story.

1. Ⓐ was working Ⓑ worked
2. Ⓐ was calling me Ⓑ called me
3. Ⓐ was crying Ⓑ cried
4. Ⓐ was thinking Ⓑ thought
5. Ⓐ was catching Ⓑ caught
6. Ⓐ was running Ⓑ ran
7. Ⓐ was opening Ⓑ opened
8. Ⓐ was leaving Ⓑ left
9. Ⓐ was scolding Ⓑ scolded
10. Ⓐ was coming Ⓑ came

Corrigé page 53

Module 8
CORRIGÉ

Basics

PAGES 49 - 50

Le prétérit en **be + -ing**

1 A, B 2 B 3 A, C 4 A 5 A, B et C 6 B, C 7 A, C

PAGES 50 - 52

La concordance des temps au passé

1 C 2 B 3 A 4 C 5 A 6 B 7 C 8 B

1 B 2 A 3 C 4 A 5 C

1 A 2 B 3 A 4 B 5 B 6 A 7 B 8 B 9 A 10 B

VOTRE SCORE :

Vous avez obtenu entre 0 et 5 ? Reprenez chaque question en regardant les endroits où vous avez fait des erreurs.
Vous avez obtenu entre 6 et 11 ? C'est très moyen, mais ne vous découragez pas.
Vous avez obtenu entre 12 et 27 ? Formidable ! Analysez les erreurs et, si besoin, révisez la ou les notions que vous ne maîtrisez pas complètement.
Vous avez obtenu 28 et plus ? You're really very good!

Module 9
BASICS

Complétez les phrases suivantes.

Corrigé page 60

1. Le *past perfect* permet d'exprimer une action ________. (plusieurs possibilités)

   A passée

   B antérieure à une autre action passée

   C qui a duré un certain temps dans le passé

2. Le *past perfect* est formé de ________.

   A **have** + participe passé

   B **had** + participe passé

   C **was** + participe passé

3. Le *past perfect* ________. (plusieurs possibilités)

   A correspond au plus-que-parfait français

   B se construit de la même manière que le *present perfect*

   C est la transposition dans le passé du *present perfect*

4. Pour construire sa forme négative ________.

   A on ajoute l'auxiliaire **didn't** + participe passé

   B on utilise **hadn't** + participe passé

   C on utilise **wasn't** + participe passé

5. Pour construire sa forme interrogative, on utilise ________.

   A **had** + sujet + participe passé

   B **did** + sujet + participe passé

   C **was** + sujet + participe passé

Parmi les propositions données, trouvez la seule traduction correcte.

1. J'avais déjà vu cet homme quand la police me montra son portrait robot.

   A I saw that man before when the police had shown me the sketch.

   B I had seen that man before when the police showed me the sketch.

   C I had seen that man before when the police had shown me the sketch.

2. Sa famille avait déjà dîné quand il arriva à 20 h 30.

   A His family had dinner when he came back home at 20:30.

   B His family already had dinner when he had come back home at 20:30.

   C His family had already had dinner when he came back home at 20:30.

3. L'étudiant s'était beaucoup entraîné donc il réussit son examen avec brio.

   A The student trained a lot and passed with flying colours.

   B The student had trained a lot and passed with flying colours.

   C The student had trained a lot and had passed with flying colours.

4. Il avait chanté si fort qu'il avait perdu sa voix.

   A He had sung so loud that his voice was hoarse.

   B He had sang so loud that his voice was hoarse.

   C He had song so loud that his voice was hoarse.

Corrigé page 60

5. Nous avons vendu la voiture que nous avions achetée il y a 2 ans.

   A We had sold the car we bought 2 years ago.

   B We sold the car we bought 2 years ago.

   C We sold the car we had bought 2 years ago.

6. Il a dit qu'il avait oublié le dossier sur son bureau.

Corrigé page 60

- A He had said he forgot the file on his desk.
- B He said he forgot the file on his desk.
- C He said he had forgotten the file on his desk.

7. Nous venions de nous coucher quand on a sonné à la porte.

- A We went to bed when someone rang at the door.
- B We had gone to bed when someone rang at the door.
- C We went to bed when someone rang at the door.

8. Lorsque nous sommes arrivés, le film avait déjà commencé.

- A When we arrived the film had already started.
- B When we had arrived the film had already started.
- C When we had arrived the film already started.

9. Elle était contente de voir son cousin car elle ne l'avait pas vu depuis des lustres.

- A She had been happy to see her cousin because she hadn't seen him for ages.
- B She was happy to see her cousin because she hadn't seen him for ages.
- C She was happy to see her cousin because she didn't see him for ages.

10. Il avait invité Jenny à son anniversaire, mais elle avait déjà quelque chose de prévu.

- A He invited Jenny to his birthday but she had planned something else.
- B He had invited Jenny to his birthday but she planned something else.
- C He invited Jenny to his birthday but she planned something else.

Complétez les phrases suivantes.

1. He ______ so much weight that he ______ too weak to run.

   (A) lost / was

   (B) had lost / was

   (C) lost / had been

2. The man ______ for 2 days when the police ______ his body.

   (A) had been dead / found

   (B) was dead / found the body

   (C) was dead / had found the body

3. He ______ the book you ______ him.

   (A) read / had offered

   (B) had read / had offered

   (C) had read / offered

Corrigé page 60

4. He ______ too late that he ______ his keys.

   (A) realized / had forgotten

   (B) had realized / forgot

   (C) had realized / had forgotten

5. When Peter Gabriel ______ the song "Shock the monkey" he ______ Genesis.

   (A) had released / had already left

   (B) released / had already left

   (C) released / already left

6. Ms Lee ______ for the same company since 2015 when she ______.

   (A) worked / had been laid off

   (B) worked / was laid off

   (C) had worked / was laid off

7. If they _______ harder, they _______.

   A worked / would have succeeded.

   B worked / had succeeded

   C had worked / would have succeeded

Corrigé page 60

8. We _______ for an hour when it _______ to rain.

   A had been hiking / started

   B had hiked / had started

   C hiked / started

9. When the police _______ the body, the man _______ 2 days before.

   A had discovered / had been killed

   B discovered / had been killed.

   C discovered / was killed

Astuce Pour accorder les temps, on repère les deux actions qui ont lieu dans le passé puis on identifie celle qui s'est produite avant l'autre ; la première action sera au *pluperfect* tandis que l'autre sera au prétérit.

Focus Le *pluperfect* en be + -ing

Complétez les phrases suivantes.

1. Le *pluperfect* en **be** + **-ing** permet _______. (plusieurs possibilités)

   A d'évoquer une action qui a duré un certain temps

   B d'insister sur l'activité

   C de faire un commentaire appréciatif

2. Sa formation est la suivante : _______.

   A **have** + **be** + base verbale + **-ing**

   B **had** + **been** + base verbale + **-ing**

   C **had** + base verbale + **-ing**

Complétez les phrases suivantes avec la forme correcte du verbe conjugué au pluperfect *ou* pluperfect *en* ***be*** *+* ***-ing***.

Corrigé page 60

1. He ______ seriously ill before he passed away.
   - A had been
   - B had been being
2. He ______ for an hour when she arrived
   - A had waited
   - B has been waiting
3. He ______ to solve this problems for weeks before he found it.
   - A had tried
   - B had been trying
4. This car ______ to John before I bought it.
   - A had belonged
   - B had been belonging
5. We ______ this this family house for centuries before we sold it.
   - A had had
   - B had been having
6. She ______ for hours when she realized it was already dawn.
   - A had read
   - B had been reading

Module 9
CORRIGÉ

Basics

PAGES 54 - 58

Le *pluperfect* ou *past perfect*

1 A et B 2 B 3 A et B 4 B 5 A

1 B 2 C 3 B 4 A 5 C 6 C 7 B 8 A 9 B 10 A

1 B 2 A 3 C 4 A 5 B 6 C 7 C 8 A 9 B

PAGES 58 - 59

Le *pluperfect* en **be** + **-ing**

1 A, B et C 2 B

1 A 2 B 3 B 4 A 5 A 6 A

VOTRE SCORE :

Vous avez obtenu entre 0 et 9 ? Reprenez chaque question en regardant les endroits où vous avez fait des erreurs.

Vous avez obtenu entre 10 et 19 ? C'est très moyen, mais ne vous découragez pas.

Vous avez obtenu entre 20 et 29 ? Formidable ! Analysez les erreurs et, si besoin, révisez la ou les notions que vous ne maîtrisez pas complètement.

Vous avez obtenu 30 et plus ? You're really very good!

Focus Les temps du passé

Complétez les phrases suivantes.

Corrigé page 65

1. I _______ about him when he suddenly _______ in.

   A talked / was coming

   B was talking / came

   C talked / came

2. He _______ of a heart attack as he _______.

   A died / was running

   B had died / ran

   C died / had run

3. _______ you _______ to finish on time?

   A Had / managed

   B Did / manage

   C Did / managed

4. When I _______ school I _______ to take the bus every day.

   A was starting / had

   B started / had

   C had started / had

5. Peter _______ for 10 years in the same company when he _______ for another job.

   A had worked / was applying

   B worked / applied

   C had worked / applied

6. I _______ at 10 pm because it _______ a hectic day.

   A slept / was

   B slept / had been

   C was sleepling / had been

Module 10
REVISE

7. I _______ the doorbell so I _______ surprised to find a parcel on my doorstep.

Corrigé page 65

- A hadn't heard / was
- B didn't hear / was
- C didn't / have been surprised

8. It's a pity I didn't see her. I wish I _______ her.

- A could see
- B had seen
- C would see

9. I'd rather you _______ out tonight.

- A don't go
- B hadn't gone
- C didn't go

10. He would have been on time if he _______ his bus.

- A hadn't missed
- B didn't miss
- C missed

11. We _______ for 10 minutes when he _______ in.

- A ate / came
- B had been eating / came
- C had eaten / came

12. If Jenny _______ the time, she would visit her friend.

- A has had
- B would have
- C had

Corrigé page 65

13. John _______ a heavy smoker but he _______ up.

- **A** used to be / gives
- **B** used to be / gave
- **C** was used to being / gave

14. If he _______ so fast, he _______ seriously injured.

- **A** didn't drive / wouldn't be
- **B** hadn't driven / wouldn't have been
- **C** didn't / wasn't

15. When I arrived, he _______ his work.

- **A** already finished
- **B** has already finished
- **C** had already finished

16. The Titanic _______ in 1912.

- **A** sunk
- **B** sink
- **C** sank

17. Peter _______ the wrong direction.

- **A** chose
- **B** choosed
- **C** choose

18. It was the most extraordinary news he _______ ever _______.

- **A** has / heard
- **B** did / heard
- **C** had / heard

19. They __________ the roof when one of the worker __________ off.

Corrigé page 65

- **A** were mending / felt
- **B** were mending / fell
- **C** were mending / feels

20. My car __________ on 15th February.

- **A** is stolen
- **B** had been stolen
- **C** was stolen

Revise

PAGES 61 - 64

Les temps du passé

1 B 2 A 3 B 4 B 5 C 6 B 7 A 8 B 9 C 10 A 11 B 12 C 13 B 14 B
15 C 16 C 17 A 18 C 19 B 20 C

VOTRE SCORE :

Vous avez obtenu entre 0 et 5 ? Reprenez chaque question en regardant les endroits où vous avez fait des erreurs.

Vous avez obtenu entre 6 et 11 ? C'est très moyen, mais ne vous découragez pas.

Vous avez obtenu entre 12 et 17 ? Formidable ! Analysez les erreurs et, si besoin, révisez la ou les notions que vous ne maîtrisez pas complètement.

Vous avez obtenu 18 et plus ? You're really very good!

Module 11
BASICS

Focus Les verbes irréguliers

Corrigé page 72

Complétez les phrases suivantes. (plusieurs possibilités)

1. Pour bien apprendre les verbes irréguliers, il faut _______.

   A comprendre à quoi ils servent

   B avoir de la mémoire

   C résilience et abnégation

2. Traditionnellement, la 1re colonne du tableau des verbes irréguliers correspond _______.

   A à la base verbale

   B au prétérit

   C à l'infinitif

3. La 2e colonne du tableau des verbes irréguliers permet d'exprimer _______.

   A le passé

   B le *present perfect*

   C le prétérit

4. La 3e colonne du tableau des verbes irréguliers permet de former _______.

   A un participe passé

   B un passif

   C des adjectifs

5. La 3e colonne du tableau des verbes irréguliers permet également de former _______.

   A le *present perfect*

   B un futur antérieur

   C un présent

6. Apprendre les verbes irréguliers sans leur traduction est _______.

   (A) un travail incomplet

   (B) de la malhonnêteté intellectuelle

   (C) sans conséquence

7. Une faute de verbe irrégulier est considérée comme _______.

   (A) une faute d'orthographe

   (B) une faute rédhibitoire

   (C) une faute de conjugaison

Quelle colonne des verbes irréguliers devez-vous utiliser pour traduire correctement les phrases suivantes ?

Corrigé page 72

1. Nous avons vu Paul hier.

   (A) 1re (B) 2e (C) 3e

2. J'ai trop dépensé.

   (A) 1re (B) 2e (C) 3e

3. Avez-vous déjà visité New York ?

   (A) 1re (B) 2e (C) 3e

4. Paul court 5 miles par jour.

   (A) 1re (B) 2e (C) 3e

5. 40 000 personnes sont tuées par arme à feu chaque année aux États-Unis.

   (A) 1re (B) 2e (C) 3e

6. « Je fais le rêve qu'un jour… » Martin Luther King

   (A) 1re (B) 2e (C) 3e

7. Regarde ! Qu'est-ce que tu as fait ?

   (A) 1re (B) 2e (C) 3e

Corrigé page 72

8. Nous sommes allés à Londres il y a une semaine.

   A 1re   B 2e   C 3e

9. Quand as-tu vu ton frère pour la dernière fois ?

   A 1re   B 2e   C 3e

10. J'ai déjà fait cet exercice.

   A 1re   B 2e   C 3e

Infintif	Prétérit	Participe passé	Traduction
be	was/were	been	être
cut	cut	cut	couper
eat	ate	eaten	manger
...	...	...	...

Focus Quelques pièges à éviter avec les verbes irréguliers

Parmi les propositions données, trouvez la traduction suivie des formes conjuguées correctes de chaque verbe.

1. perdre

   A loose / lost / lost

   B lose / lost / lost

   C lose / loosed / lost

2. être allongé / étendu

   A lie / lay / lain

   B lay / laid / laid

   C lie / laid / laid

3. poser à plat / pondre

   A lie / lay / lain

   B lay / laid / laid

   C lay / laid / lain

4. choisir

 A choose / choosed / chosen

 B choose / chose / chosen

 C choice / chose / chosen

Corrigé page 72

5. voir

 A saw / sawed / seen

 B see / sawed / seen

 C see / saw / seen

6. scier (plusieurs possibilités)

 A saw / sawed / sawed

 B saw / sawed / sawn

 C see / saw / sawed

7. tomber

 A fell / fall / fallen

 B feel / fall / fallen

 C fall / fell / fallen

8. sentir / ressentir

 A feel / feeled / felt

 B feel / felt / felt

 C felt / felt / felt

Focus Les verbes se terminant en *-ought* au prétérit et au participe passé

*Pour chaque verbe anglais donné, dites si sa forme au prétérit et au participe passé se termine en **-ought**.*

1. buy

 A Yes **B** No

Corrigé page 72

2. teach

Ⓐ Yes Ⓑ No

3. seek

Ⓐ Yes Ⓑ No

4. catch

Ⓐ Yes Ⓑ No

Focus Les verbes dont l'orthographe est la même à l'infinitif, au prétérit et au participe passé

Dans les listes de verbes suivantes, l'orthographe d'un des verbes varie à l'infinitif, au prétérit et au participe passé. Trouvez-le.

1.

Ⓐ hurt (blesser) Ⓑ burst (éclater) Ⓒ come (venir)

2.

Ⓐ let (permettre) Ⓑ lose (perdre) Ⓒ cut (couper)

3.

Ⓐ leave (laisser/quitter) Ⓑ hit (frapper/atteindre) Ⓒ bid (offrir un prix)

4.

Ⓐ bet (parier) Ⓑ bleed (saigner) Ⓒ cast (jeter/lancer)

Focus Les verbes en « i », « a » et « u » sur le modèle de *begin/began/begun*

Dans les listes de verbes suivantes, un des verbes ne se forme pas sur le modèle de ***begin/began/begun****. Trouvez-le.*

1.

Ⓐ to run (courir) Ⓑ to swim (nager) Ⓒ to sing (chanter)

2.

Ⓐ to sink (couler) Ⓑ to hang (s'accrocher) Ⓒ to begin (commencer)

3.

- **A** to stink (puer)
- **B** to spring (surgir/jaillir)
- **C** to think (penser)

Focus Les verbes dont le participe passé se termine en *-en*

Dans les listes de verbes suivantes, le participe passé d'un des verbes ne se termine pas en ***-en****. Trouvez-le.*

Corrigé page 72

1.

- **A** to speak (parler)
- **B** to drive (conduire)
- **C** to drink (boire)

2.

- **A** to be (être)
- **B** to blow (souffler)
- **C** to break (casser)

3.

- **A** to come (venir)
- **B** to chose (choisir)
- **C** to forgive (pardonner)

4.

- **A** to freeze (geler)
- **B** to hide (cacher)
- **C** to meet (rencontrer)

5.

- **A** to forgive (pardonner)
- **B** to keep (garder)
- **C** to forget (oublier)

Astuce Entraînez-vous quotidiennement pour mémoriser au mieux les verbes irréguliers et sélectionnez dans cette grande liste (voir pages 248 - 253) ceux que vous ne connaissez pas encore pour en faire votre propre liste. Il n'y en aura sans doute pas tant que cela à apprendre et cela vous donnera du cœur à l'ouvrage !

Module 11
CORRIGÉ

Basics

VOTRE SCORE :

PAGES 66 - 68

Les verbes irréguliers

1 A, B et C | 2 A et C | 3 A et C | 4 A, B et C | 5 A et B | 6 A | 7 C

1 B I saw Paul yesterday

2 C I have spent too much.

3 C Have you ever visited NY?

4 A Paul runs 5 miles a day.

5 C 40 000 people are shot every year in the USA.

6 A I have a dream.

7 C What have you done?

8 B We went to London a week ago.

9 B When did you last see your brother ?

10 C I have done this exercise before.

PAGES 68 - 69

Quelques pièges à éviter avec les verbes irréguliers

1 B | 2 A | 3 B | 4 B | 5 C | 6 A et B | 7 C | 8 B

PAGES 69 - 70

Les verbes se terminant en **-ought** au prétérit et au participe passé

1 A bought | 2 B taught | 3 A sought | 4 B caught

PAGE 70

Les verbes dont l'orthographe est la même à l'infinitif, au prétérit et au participe passé

1 C | 2 B | 3 A | 4 B

PAGE 70

Les verbes en « i », « a » et « u » sur le modèle de **begin/began/begun**

1 A | 2 B | 3 C

PAGE 71

Les verbes dont le participe passé se termine en **-en**

1 C | 2 B | 3 A | 4 C | 5 B

Vous avez obtenu entre 0 et 7 ? Reprenez chaque question en regardant les endroits où vous avez fait des erreurs.

Vous avez obtenu entre 8 et 23 ? C'est très moyen, mais ne vous découragez pas.

Vous avez obtenu entre 24 et 39 ? Formidable ! Analysez les erreurs et, si besoin, révisez la ou les notions que vous ne maîtrisez pas complètement.

Vous avez obtenu 40 et plus ? You're really very good!

Focus L'expression du futur

Corrigé page 78

Complétez les phrases suivantes. (plusieurs possibilités)

1. Pour exprimer le futur, on peut utiliser _______.

   A **will**

   B **to be going**

   C le présent en **be** + **-ing**.

2. Le futur simple avec **will** s'emploie pour _______.

   A exprimer une action future indépendante de la situation actuelle

   B exprimer une intention

   C faire une suggestion

3. **Will** est _______.

   A un modal

   B un verbe lexical

   C un verbe qui s'accorde avec le sujet

4. **Will** est toujours suivi _______.

   A d'un verbe conjugué

   B d'un verbe à l'infinitif

   C d'une base verbale

5. **Will** à la forme négative devient _______.

   A **will not**

   B **willnot**

   C **won't**

6. Pour construire la forme interrogative, _______.

   A on ajoute un auxiliaire

   B on inverse **will** avec le sujet

   C on a besoin de l'auxiliaire **do**

7. **I will call you tomorrow** peut aussi se dire et s'écrire _______.

Corrigé page 78

   - A **I shall call you tomorrow.**
   - B **I'll call you tomorrow.**
   - C **I ll call you tomorrow.**

8. **Shall** est utilisé _______.
   - A à toutes les personnes
   - B seulement avec **I** et **we**
   - C seulement à la 3e personne du singulier **(he/she/it)**

9. **Shall** _______.
   - A exprime la suggestion
   - B est utilisé dans les *questions tags*
   - C est peu utilisé de nos jours

10. **To be going to** exprime _______.
    - A un futur proche
    - B un futur qui dépend de la situation actuelle
    - C une intention de faire quelque chose

Complétez les phrases suivantes.

1. I think I _______ to the gym tomorrow.
   - A will go
   - B am going to go

2. My car is too old, I _______ a new one.
   - A will buy
   - B am going to buy

3. People _______ to Mars before the 22nd century.
   - A won't go
   - B are not going

Corrigé page 78

4. It's 10:55, we ________ the train!

   (A) will miss

   (B) are going to miss

5. The meeting ________ at 10 a.m.

   (A) will be

   (B) is going to be

6. Look at these big black clouds, it ________ rain.

   (A) will

   (B) is going to

7. If he passes his exam, he ________ a gap year.

   (A) will take

   (B) is going to take

8. Now that I have retired ________ a lot.

   (A) I will travel

   (B) I am going to travel

9. When I am 18, ________ my driving licence.

   (A) I will take

   (B) I am going to take

10. Jenny ________ 18 next month.

   (A) will be

   (B) is going to be

Focus Le futur antérieur

Complétez les phrases suivantes. (plusieurs possibilités)

1. Le futur antérieur permet d'exprimer ________.

   (A) une action accomplie dans le futur avant qu'une autre ne commence

   (B) la hiérarchie de deux événements futurs

   (C) deux actions qui se suivent dans le futur

Module 12
BASICS

2. Le futur antérieur se forme avec _______.

Corrigé page 78

- **A** **will**
- **B** **will** + *present perfect*
- **C** **will** + **have** + participe passé

3. Dans une phrase au futur antérieur, on trouve souvent les conjonctions de temps suivantes _______.

- **A** **before**
- **B** **when**
- **C** **by**

4. Pour former un futur antérieur, _______.

- **A** on utilise **have**
- **B** on utilise **has**
- **C** on doit connaître les verbes irréguliers

5. Après une principale au futur antérieur, le verbe dans la subordonnée est toujours _______.

- **A** au présent
- **B** au prétérit
- **C** au futur

Déterminez si les phrases suivantes sont correctes.

1. John will have missed his plane by the time he get to the airport.

A Yes **B** No

2. I will have finish my exercise before the teacher comes back.

A Yes **B** No

3. They will have prepared the party before the guests arrive.

A Yes **B** No

Focus Le futur progressif

Corrigé page 78

Complétez les phrases suivantes.

1. Le futur progressif permet d'exprimer une action_______.

   A qui ne durera pas dans le futur

   B qui sera en train de se passer

   C courte dans le futur

2. Le futur progressif se forme avec _______.

   A **will** + *present perfect*

   B **will** + **be** + verbe + **-ing**

   C **will** + verbe + **-ing**

Déterminez si les actions suivantes seront finies dans le futur ou si elles seront en cours.

1. I will be working when you come.

   A Finie   B En cours

2. She will have finished by the time you finish shopping.

   A Finie   B En cours

3. We will be waiting for you.

   A Finie   B En cours

Module 12
CORRIGÉ

Basics

PAGES 73 - 75
L'expression du futur
1 A, B et C | 2 A, B et C | 3 A | 4 C | 5 A et C | 6 B | 7 A et B | 8 B | 9 A, B et C | 10 A, B et C

1 A | 2 B | 3 A | 4 B | 5 A | 6 B | 7 A | 8 B | 9 A | 10 A

PAGES 75 -76
Le futur antérieur
1 A, B et C | 2 B et C | 3 A, B et C | 4 A et C | 5 A

1 B He get**s** to the airport... | 2 B I will have finishe**d** | 3 A

PAGE 77
Le futur progressif
1 B | 2 B

1 B | 2 A | 3 B

VOTRE SCORE :

Vous avez obtenu entre 0 et 9 ? Reprenez chaque question en regardant les endroits où vous avez fait des erreurs.
Vous avez obtenu entre 10 et 19 ? C'est très moyen, mais ne vous découragez pas.
Vous avez obtenu entre 20 et 31 ? Formidable ! Analysez les erreurs et, si besoin, révisez la ou les notions que vous ne maîtrisez pas complètement.
Vous avez obtenu 32 et plus ? You're really very good!

Focus Les modaux

Corrigé page 87

Complétez les phrases suivantes.

1. Un modal _______. (plusieurs possibilités)

   A est un auxiliaire

   B vient apporter une modification de sens à l'énoncé

   C se place entre le sujet et le verbe à la forme affirmative

2. Un modal _______.

   A se conjugue

   B est toujours suivi d'une base verbale

   C peut s'employer avec un autre auxiliaire

3. Les modaux sont au nombre de _______.

   A quatre

   B six

   C au moins dix

Focus *Can*

Complétez les phrases suivantes.

1. La traduction de **can** est _______. (plusieurs possibilités)

   A *pouvoir* B *savoir* C *être capable de*

2. À la forme négative, **can** devient _______. (plusieurs possibilités)

   A **can not** B **can't** C **cannot**

3. Au futur, **can** devient _______.

   A **will can** B **shall can** C **will be able to**

4. Au prétérit, **can** devient _______.

   A **canned** B **was can** C **could**

5. Le « l » de **could** _______.

   A se prononce B est accentué C ne se prononce jamais

Module 13
BASICS

Focus *Could*

Corrigé page 87

Complétez la phrase suivante.

1. **Could** est _______. (plusieurs possibilités)

   A le prétérit de **can**

   B le conditionnel du verbe *devoir*

   C utilisé dans les demandes polies

Parmi les propositions données, trouvez la ou les traduction(s) correcte(s).

1. He can't drive. (plusieurs possibilités)

   A Il n'est pas en capacité de conduire.

   B Il n'a pas son permis.

   C Il ne sait pas conduire.

2. Can you open the door? (plusieurs possibilités)

   A Sais-tu ouvrir la porte ?

   B Peux-tu ouvrir la porte ?

   C Est-ce que tu arrives à ouvrir la porte ?

3. Je ne peux pas assister à la réunion.

   A I won't attend the meeting.

   B I can't attend the meeting.

   C I don't attend the meeting.

4. Il pourrait m'aider.

   A He will be able to help me.

   B He could help me.

   C He can help me.

5. Pourrais-tu porter ce sac s'il te plaît ?

Corrigé page 87

- (A) Can you carry this bag, please?
- (B) Will you carry this bag, please?
- (C) Could you carry this bag, please?

6. Je suis sûre qu'elle saura très bien parler anglais quand elle reviendra de Londres.

- (A) I am sure she will be able to speak English very well when she is back from London.
- (B) I am sure she can speak English very well when she is back from London.
- (C) I am sure she could speak English very well when she is back from London.

Focus *Must*

Complétez les phrases suivantes.

1. La traduction de **must** est ______. (plusieurs possibilités)

- (A) *être obligé de*
- (B) *devoir*
- (C) *falloir*

2. À la forme négative, **must** devient ______.

- (A) **mustn't**
- (B) **must not**
- (C) **mustnot**

3. Au futur, **must** devient ______.

- (A) **will must**
- (B) **must be going to**
- (C) **will have to**

4. Au prétérit, **must** devient ______.

- (A) **musted**
- (B) **had to**
- (C) **was must**

Focus *Needn't*

Complétez les phrases suivantes.

1. **Need(n't)** est ______. (plusieurs possibilités)

- (A) un semi modal
- (B) un verbe
- (C) suivi de la base verbale

2. **Needn't** ______. (plusieurs possibilités)

- A exprime l'absence d'obligation
- B est le contraire de **must**
- C est le contraire de **mustn't**

Complétez les phrases suivantes.

1. You _____ take your car, we'll take mine.
   - A needn't
   - B mustn't
2. He _____ park here, it's forbidden.
   - A needn't
   - B mustn't
3. The children _____ play with matches.
   - A needn't
   - B mustn't
4. You _____ cry, there's plenty more fish in the sea!
   - A needn't
   - B mustn't

Focus *Will*

Corrigé page 87

Complétez les phrases suivantes.

1. **Will** permet ______. (plusieurs possibilités)
   - A de conjuguer tous les verbes lexicaux au futur
   - B de former le futur de tous les modaux
   - C d'exprimer la volonté du sujet de faire une chose
2. La forme négative de **will** est ______. (plusieurs possibilités)
   - A **willnot**
   - B **will not**
   - C **won't**

Focus *Should*

Complétez les phrases suivantes.

1. **Should** ______. (plusieurs possibilités)
   - A exprime le conditionnel
   - B est le conditionnel de **will**
   - C est le conditionnel du verbe *devoir*

Corrigé page 87

2. **Should** permet de ______. (plusieurs possibilités)

   - **A** poser des interdictions
   - **B** faire des recommandations
   - **C** donner des conseils

3. La lettre « l » dans **should** ______.

   - **A** se prononce
   - **B** est accentuée
   - **C** ne se prononce jamais

4. **Ought to** est ______. (plusieurs possibilités)

   - **A** toujours suivi de la base verbale
   - **B** un synonyme direct de **should**
   - **C** peu utilisé de nos jours

5. **I'd better** est la forme contractée de ______.

   - **A** **would better**
   - **B** **did better**
   - **C** **had better**

6. La traduction de **had better** est ______. (plusieurs possibilités)

   - **A** *devait faire mieux*
   - **B** *ferait mieux de*
   - **C** *conseiller de*

7. **I'd rather** est la forme contractée de ______.

   - **A** **would rather**
   - **B** **did rather**
   - **C** **had rather**

8. La traduction de **would rather** est ______.

   - **A** *ferait mieux de*
   - **B** *préférerait*
   - **C** *devrait plutôt*

Module 13
BASICS

Focus *Would*

Corrigé page 87

Complétez les phrases suivantes.

1. **Would** permet ______. (plusieurs possibilités)

   (A) de conjuguer tous les verbes au conditionnel
   (B) d'exprimer l'habitude dans le passé
   (C) de conjuguer tous les verbes au conditionnel à l'exception des verbes *devoir* et *pouvoir*

2. La lettre « l » dans **would** ______.

   (A) se prononce
   (B) est accentuée
   (C) ne se prononce jamais

Complétez les phrases suivantes avec le(s) modal/modaux qui convien(nen)t.

1. John _______ speak 3 languages when he was younger.

   (A) should (B) could (C) would

2. My grandfather _______ sit for hours, doing nothing.

   (A) should (B) could (C) would

3. _______ you repeat the question?

   (A) Should (B) Could (C) Would

4. You look so pale you _______ see a doctor.

   (A) should (B) could (C) would

5. "_______ I stay or _____ I go?"

   (A) Should/should (B) Could/could (C) Would/would

6. If I had money, I _______ buy a new car.

   (A) should (B) could (C) would

7. I think you _______ do this.

   (A) shouldn't (B) couldn't (C) wouldn't

8. I ________ rather have a sandwich.

   (A) should (B) could (C) would

9. You ________ improve your English if you worked more. (plusieurs possibilités)

   (A) should (B) could (C) would

10. If I were you I ________ do this.

   (A) shouldn't (B) couldn't (C) wouldn't

Focus *May* et *might*

Corrigé page 87

Complétez les phrases suivantes.

1. **May** ________. (plusieurs possibilités)

   (A) exprime l'incertitude

   (B) est employé pour faire une demande polie

   (C) peut exprimer un refus catégorique

2. **Might** ________. (plusieurs possibilités)

   (A) a un sens proche de **may**

   (B) exprime une incertitude plus forte

   (C) est utilisé pour faire une demande très polie

Complétez les phrases suivantes avec le modal qui convient.

1. Peter was unwell yesterday but I think he ________ come today.

   (A) may (B) might

2. Peter was really feeling weak so he ________ come but it is not sure at all.

   (A) may (B) might

3. It ________ rain today because there are a few clouds.

   (A) may (B) might

4. It ________ rain today, you needn't take your umbrella.

   (A) may (B) might

5. Your Royal Highness, ________ I ask you a question?

   (A) may (B) might

6. He is still at work! He _______ come late I am afraid.

Ⓐ may Ⓑ might

Focus **Dare**

Corrigé page 87

Complétez les phrases suivantes ou répondez aux questions posées.

1. **Dare** _______. (plusieurs possibilités)

Ⓐ veut dire *oser*

Ⓑ est un verbe ainsi qu'un modal

Ⓒ est difficile à utiliser

2. **Dare** est _______. (plusieurs possibilités)

Ⓐ un semi modal

Ⓑ un verbe

Ⓒ suivi d'une base verbale

3. Comment traduire « *Je n'osais pas* » ? (plusieurs possibilités)

Ⓐ I didn't dare

Ⓑ I dared not

Ⓒ I daren't

4. Comment traduire « *Comment as-tu osé ?* » ?

Ⓐ How did you dare?

Ⓑ How could you dare?

Ⓒ How dare you?

5. Quelles phrases sont correctes ?

Ⓐ He didn't dare to talk to her.

Ⓑ He didn't dare talking to her.

Ⓒ He didn't dare talk to her.

Module 13
CORRIGÉ

VOTRE SCORE :

Basics

PAGE 79
Les modaux
1 A, B et C 2 B 3 C

PAGE 79
Can
1 A, B et C 2 B et C 3 C 4 C 5 C

PAGES 80 - 81
Could
1 A, B et C
1 A, B et C 2 A, B et C 3 B 4 B 5 C 6 A

PAGE 81
Must
1 A, B et C 2 B et C 3 C 4 B

PAGES 81 - 82
Needn't
1 A, B et C 2 A et C
1 A 2 B 3 B 4 A

PAGE 82
Will
1 A et C 2 B et C

PAGES 82 - 83
Should
1 A et C 2 B et C 3 C 4 A, B et C 5 C 6 B et C 7 A 8 A

PAGES 84 - 85
Would
1 B et C 2 C
1 B 2 C 3 B 4 A 5 A 6 C 7 A 8 C 9 B et C 10 C

PAGES 85 - 86
May et **might**
1 A, B et C 2 A, B et C
1 A 2 B 3 A 4 B 5 B 6 A

PAGE 86
Dare
1 A, B et C 2 A et B 3 A et C 4 C 5 A, B et C

Vous avez obtenu entre 0 et 15 ? Reprenez chaque question en regardant les endroits où vous avez fait des erreurs.
Vous avez obtenu entre 16 et 39 ? C'est très moyen, mais ne vous découragez pas.
Vous avez obtenu entre 40 et 55 ? Formidable ! Analysez les erreurs et, si besoin, révisez la ou les notions que vous ne maîtrisez pas complètement.
Vous avez obtenu 56 et plus ? You're really very good!

Module 14
REVISE

Focus Les modaux

Complétez les phrases suivantes avec le verbe de modalité qui convient. (plusieurs possibilités)

Corrigé page 90

1. I _______ swim until I was 6.

   A couldn't **B** could

2. _______ you fix my laptop please ?

   A Could **B** Can

3. I sprained my ankle and I _______ play next week.

   A can't **B** won't be able to

4. Tickets are very expensive and this band is very popular but with luck we _______ get one on the black market.

   A could **B** might be able to

5. Chris _______ ski before he _______ walk.

   A can / can **B** could / could

6. Night fell and he _______ go back.

   A had to **B** must

7. You _______ ask a professional.

   A ought to **B** should

8. I _______ like you to come.

   A will **B** would

Complétez les phrases suivantes avec le verbe de modalité qui convient. (plusieurs possibilités)

1. You _______ me move out yesterday! You are so selfish!

   A can help **B** could help **C** could have helped

2. You _______ hurry, the lecture hasn't started yet.

   A needn't **B** shouldn't **C** mustn't

Corrigé page 90

3. How _______ he do such an awful thing?

   Ⓐ should — Ⓑ can — Ⓒ could

4. You _______ change your sweater, it's dirty.

   Ⓐ ought to — Ⓑ should — Ⓒ must

5. If the director had listened to the advice, the company _______ profits.

   Ⓐ wouldn't lose — Ⓑ wouldn't have lose — Ⓒ wouldn't have lost

6. You _______ work instead of playing video games, the date of your exams is approaching.

   Ⓐ must — Ⓑ should — Ⓒ had better

7. You _______ be right but I have to check.

   Ⓐ can — Ⓑ may — Ⓒ might

8. She is engaged and she _________ get married.

   Ⓐ is going to — Ⓑ would — Ⓒ will

9. How _________?

   Ⓐ did you dare — Ⓑ dared you — Ⓒ dare you

10. The manager _________ attend the conference next week.

    Ⓐ can't — Ⓑ won't — Ⓒ won't be able to

11. When pigs _________ fly!

    Ⓐ can — Ⓑ will be able to — Ⓒ will

12. When _________ we meet again?

    Ⓐ will — Ⓑ shall — Ⓒ may

Module 14
CORRIGÉ

Revise

PAGE 88 - 89

Les modaux

1 A | 2 A et B | 3 B | 4 A | 5 B | 6 A | 7 A et B | 8 B

1 C | 2 A | 3 C | 4 A et B | 5 C | 6 A, B et C | 7 B et C | 8 A | 9 A, B et C |
10 B et C | 11 C | 12 B

VOTRE SCORE :

Vous avez obtenu entre 0 et 5 ? Reprenez chaque question en regardant les endroits où vous avez fait des erreurs.

Vous avez obtenu entre 6 et 11 ? C'est très moyen, mais ne vous découragez pas.

Vous avez obtenu entre 12 et 17 ? Formidable ! Analysez les erreurs et, si besoin, révisez la ou les notions que vous ne maîtrisez pas complètement.

Vous avez obtenu 18 et plus ? You're really very good!

Focus Les auxiliaires de modalité suivis de l'infinitif passé

Corrigé page 95

Complétez les phrases suivantes.

1. **Must** suivi de **have** + participe passé _______. (plusieurs possibilités)

   A permet d'exprimer la probabilité

   B est employé pour dire qu'un fait s'est certainement produit

   C sert à exprimer une déduction dans le passé

Complétez les phrases suivantes. (plusieurs possibilités)

1. The road is wet it _______.

   A must rain — B can't rain — C must have rained

2. The lights are off they _______.

   A must have gone out — B must go out — C have to go out

3. Jenny is very brown, she _______.

   A must be on holidays — B must have been on holidays — C had to go on holidays

Complétez les phrases suivantes.

1. **Can't** suivi de **have** + participe passé permet d'exprimer _______. (plusieurs possibilités)

   A la surprise

   B quelque chose qui n'est pas plausible

   C l'incapacité

2. **Couldn't** suivi de **have** + participe passé exprime _______.

   A le manque d'habilité basé sur des faits connus

   B la probabilité

   C la certitude

Module 15
BASICS

Parmi les propositions données, trouvez la traduction correcte.

1. She can't have done it!

   (A) Elle ne pouvait pas faire cela.

   (B) On refuse de croire qu'elle ait pu faire cela.

2. She couldn't have done it.

   (A) Elle n'était pas en capacité d'avoir fait cela.

   (B) Il était impossible qu'elle ait fait cela.

Complétez les phrases suivantes.

Corrigé page 95

1. He is so bad! He _______.

   (A) can't have passed

   (B) couldn't have passed

2. Peter _______ the murder because he was with me in London.

   (A) can't have committed

   (B) couldn't have committed

3. Peter _______ the murder because he is as gentle as a lamb.

   (A) can't have committed

   (B) coudn't have committed

4. Ms Sakamoto did her best, she _______ responsible for the delay!

   (A) can't be held

   (B) couldn't be held

Complétez les phrases suivantes.

1. **Should** ou **shouldn't have** + participe passé_______. (plusieurs possibilités)

   (A) introduit la notion de conseil sur ce qui aurait dû ou non se passer.

   (B) permet d'exprimer le conditionnel passé.

   (C) permet d'exprimer une opinion sur quelque chose qui s'est déroulé dans le passé.

Complétez les phrases suivantes.

1. I had a terrible stomachache. – You _______ to the doctor's.

   A should go **B** should have gone **C** could go

2. I didn't know it was too late. – You _______.

   A should call **B** could call **C** should have called

3. It is 11 pm, they _______ by now.

   A should have arrived **B** should arrive **C** could have arrived

Complétez les phrases suivantes.

1. **May have** + participe passé _______. (plusieurs possibilités)

   A a le même sens que **may**, mais la phrase porte sur un événement passé

   B se traduit par *peut-être* avec une connotation passée

   C se traduit par *il se peut que* avec une connotation passée

2. **Might have** + participe passé permet d'exprimer_______. (plusieurs possibilités)

   A un doute, une éventualité

   B un risque encouru

   C le hasard

Complétez les phrases suivantes.

Corrigé page 95

1. He bought a luxurious car. He _______ the lottery.

   A would have won

   B may have won

   C can have won

2. He was photographing the lions when he was attacked. He _______, he was very lucky.

   A can have been killed

   B must have been killed

   C might have been killed

3. She _______ about it but Bob revealed the secret.
   - A might have never known
   - B couldn't have known
   - C must have known

Corrigé page 95

4. I don't believe it! He _______ the car.
   - A couldn't have stolen
   - B can't have stolen
   - C shouldn't have stolen

5. I was in trouble. – You _______ me.
   - A must have told
   - B might have told
   - C should have told

6. He _______ back because I saw his coat on the coat hanger.
   - A must have been
   - B can't have been
   - C should have been

7. She _______ this heavy cupboard on her own, she is so frail.
   - A can't have moved
   - B couldn't have moved
   - C must have moved

8. He was out of the office. It's not like him, he _______ sick.
   - A must have been
   - B might have been
   - C can't have been

Astuce Malgré le côté très automatique et presque mécanique de la formation des modaux, leur utilisation est complexe et dépend très largement du contexte. Considérez l'ensemble de la phrase jusque dans la ponctuation !

Module 15
CORRIGÉ

Basics

PAGES 91 - 94

Les auxiliaires de modalités suivis de l'infinitif passé

1 B et C

1 C 2 A 3 B

1 A et B 2 A

1 B 2 A

1 B 2 B 3 A 4 A

1 A, B et C

1 B 2 C 3 A

1 A, B et C 2 A, B et C

1 B 2 C 3 A 4 B 5 C 6 A 7 B 8 A

VOTRE SCORE :

Vous avez obtenu entre 0 et 9 ? Reprenez chaque question en regardant les endroits où vous avez fait des erreurs.

Vous avez obtenu entre 10 et 17 ? C'est très moyen, mais ne vous découragez pas.

Vous avez obtenu entre 18 et 23 ? Formidable ! Analysez les erreurs et, si besoin, révisez la ou les notions que vous ne maîtrisez pas complètement.

Vous avez obtenu 24 et plus ? You're really very good!

Module 16
BASICS

Focus — La concordance des temps dans les propositions principales et subordonnées

Complétez les phrases suivantes.

1. Les subordonnées de temps et les subordonnées hypothétiques peuvent être introduites par des locutions conjonctives telles que : _______. (plusieurs possibilités)

   (A) **as soon as** (B) **when** (C) **if**

2. Après les locutions conjonctives telles que **if**, **when**, **as soon as**, on peut conjuguer les verbes _______. (plusieurs possibilités)

   (A) au présent (B) au prétérit (C) au *pluperfect* ou au *past perfect*

3. Dans une proposition principale (= partie de la phrase essentielle à la compréhension), on peut conjuguer les verbes _______. (plusieurs possibilités)

   (A) au futur (B) au conditionnel présent (C) au conditionnel passé

Vrai ou faux ?

Corrigé page 102

1. On peut trouver deux fois le même temps dans les deux propositions, principale et subordonnée (= partie de la phrase non essentielle à la compréhension).

   (A) Vrai (B) Faux

2. On peut utiliser un prétérit dans la principale si la subordonnée est au prétérit.

   (A) Vrai (B) Faux

3. On peut utiliser un conditionnel dans la subordonnée si la principale est au conditionnel.

   (A) Vrai (B) Faux

4. On peut utiliser un futur dans la principale si la subordonnée est au présent.

   (A) Vrai (B) Faux

5. On peut utiliser un conditionnel passé dans la principale si la subordonnée est au conditionnel passé.

A Vrai B Faux

6. On peut utiliser un conditionnel passé dans la principale si la subordonnée est au *pluperfect*.

A Vrai B Faux

7. Ces deux amorces de phrase sont identiques : **I would go if = I'd go if**.

A Vrai B Faux

8. Ces deux phrases sont identiques : **He had done = He'd done**.

A Vrai B Faux

9. **If I were you I wouldn't do that**. Cette phrase est correcte.

A Vrai B Faux

Identifiez la concordance de temps correcte.

Corrigé page 102

1. Au futur.

A futur + futur : Paul will call his parents when he will land in New York

B futur + présent : Paul will call his parents when he lands in New York.

C présent + futur : Paul calls his parents when he will land.

2. Au conditionnel présent.

A conditionnel présent + **if** + prétérit : He would buy a car if he had money.

B présent + **if** + conditionnel : He buys a car if he would have money.

C prétérit + **if** + conditionnel : He bought a car if he would have money.

3. Au conditionnel passé.

A conditionnel passé + **if** + prétérit : He would have bought a car if he had money.

B conditionnel passé + **if** + *pluperfect* : He would have bought a car if he had had money.

C *pluperfect* + **if** + conditionnel passé : He had bought a car if he would have had money.

Parmi les propositions données, identifiez celle(s) qui est/sont au conditionnel présent.

Corrigé page 102

1.

A would come B would have come C should come

2.

A could say B would say C should say

3.

A would have seen B would see C could see

Parmi les propositions suivantes, identifiez celle qui est au conditionnel passé.

1.

A could have done B could do C would do

2.

A should help B could have helped C coud help

3.

A might have done B might do C may do

Parmi les propositions données, identifiez celle qui est au pluperfect.

Corrigé page 102

1.

Ⓐ had had Ⓑ have had Ⓒ have have

2.

Ⓐ have found Ⓑ had find Ⓒ had found

3.

Ⓐ had think Ⓑ had thought Ⓒ have thought

Complétez les propositions principales suivantes au temps qui convient.

1. I _____ myself a bike if I find a job.

Ⓐ would buy Ⓑ will buy Ⓒ buy

2. We _____ to the cinema if it rains.

Ⓐ go Ⓑ would go Ⓒ will go

3. He _____ when he gets there.

Ⓐ will call Ⓑ would call Ⓒ calls

4. When we retire, we _____ at the seaside.

Ⓐ live Ⓑ would live Ⓒ will live

5. He _____ a house if he had money.

Ⓐ bought Ⓑ will buy Ⓒ would buy

6. She _____ to your party if you invited her.

Ⓐ would come Ⓑ will come Ⓒ comes

7. If she was/were older, she _____ to the casino.

Ⓐ went Ⓑ would go Ⓒ will go

8. We _____ you if you had asked.

   (A) will help (B) would help (C) would have helped

9. If he had known him better, he _____ him to give me a hand.

   (A) would have asked (B) asked (C) would ask

10. If you had worked more you _____ better results.

   (A) would have (B) will have (C) would have had

Complétez les propositions subordonnées suivantes au temps qui convient.

Corrigé page 102

1. She will take her driving licence as soon as she _____ 18.

   (A) will be (B) is (C) was

2. The Smiths will go on holidays as soon as they _____ the office.

   (A) leave (B) left (C) will leave

3. If the children _____ well, their parents will take them to have an ice cream.

   (A) behaved (B) behaves (C) behave

4. If we _____ some money, we would go on holidays immediately.

   (A) have (B) had (C) will have

5. What would you do if you _____ the lottery?

   (A) win (B) won (C) had won

6. He would find the way if it _____ foggy.

   (A) weren't (B) is not (C) wasn't

7. He wouldn't have done it if he _____ not to.

   (A) is told (B) was told (C) had been told

8. How would you have reacted if I _____ you the truth?

   (A) had told (B) told (C) tell

9. If he _____ this position, he would have accepted it.

   (A) was offered (B) had been offered (C) were offered

10. I would have given you the answer if I _____ it.

   (A) knew (B) know (C) had known

Complétez les phrases suivantes de façon à respecter la concordance des temps.

Corrigé page 102

1. John _____ learn the guitar if he _____ the time.

   (A) would / has (B) will / has (C) will / had

2. Jenny _____ out of school when she _____ 16.

   (A) will drop / is (B) would drop / is (C) will drop / was

3. If I _____ you, I _____ tell him what to do.

   (A) was / would (B) were / would (C) am / will

4. I _____ her more if she _____ more helpful. Now it's too late to make friends.

   (A) would have liked / had been (B) would like / was (C) will like / is

5. Jenny _____ if you _____ to her this way.

   (A) doesn't accept / speak (B) won't accept / speak (C) accepts / will speak

Module 16
CORRIGÉ

Basics

PAGES 96 - 101

La concordance des temps dans les propositions principales et subordonnées

1 A, B et C 2 A, B et C 3 A, B et C

1 B 2 B 3 B 4 A 5 B 6 A 7 A 8 A 9 A

1 B 2 A 3 B

1 A et C 2 A, B et C 3 B et C

1 A 2 B 3 A

1 A 2 C 3 B

1 B 2 C 3 A 4 C 5 C 6 A 7 B 8 C 9 A 10 C

1 B 2 A 3 C 4 B 5 B 6 C 7 C 8 A 9 B 10 C

1 B 2 A 3 B 4 A 5 B

VOTRE SCORE :

Vous avez obtenu entre 0 et 15 ? Reprenez chaque question en regardant les endroits où vous avez fait des erreurs.

Vous avez obtenu entre 16 et 31 ? C'est très moyen, mais ne vous découragez pas.

Vous avez obtenu entre 32 et 47 ? Formidable ! Analysez les erreurs et, si besoin, révisez la ou les notions que vous ne maîtrisez pas complètement.

Vous avez obtenu 48 et plus ? You're really very good!

Focus Le discours direct et le discours indirect

Corrigé page 114

Complétez les phrases suivantes. (plusieurs possibilités)

1. Pour passer du discours direct au discours indirect il est essentiel __________.

   A de connaître tous les temps
   B de bien observer la phrase à transformer
   C d'avoir de la logique et de décaler les temps

2. Le présent simple au discours direct devient __________ au discours indirect.

   A le prétérit B le *pluperfect*

3. Le présent en **be + -ing** au discours direct devient __________ au discours indirect.

   A le *present perfect* B le prétérit en **be + -ing**

4. Le prétérit au discours direct devient le __________ au discours indirect.

   A *pluperfect* B prétérit en **be + -ing**

5. Le *present perfect* au discours direct devient __________ au discours indirect.

   A le présent simple B le *pluperfect*

6. **Will** au discours direct devient __________ au discours indirect.

   A **would** B **should**

7. **Will have** + participe passé au discours direct __________ au discours indirect.

   A devient **would have** + participe passé B ne change pas

8. Le prétérit en **be + -ing** au discours direct __________ au discours indirect.

   A ne change pas B devient le *pluperfect continu*

9. **Can** au discours direct devient __________ au discours indirect.
   - A **will be able to**
   - B **could**

10. **Must** au discours direct devient __________ au discours indirect.
   - A **have to**
   - B **had to**

11. **Should** au discours direct devient __________ au discours indirect.
   - A **could**
   - B **should have** + participe passé

12. **Would** au discours direct devient __________ au discours indirect.
   - A **would have** + participe passé
   - B **could**

13. **May** au discours direct devient __________ au discours indirect.
   - A **might**
   - B **maybe**

14. **Might** au discours direct __________ au discours indirect.
   - A ne change pas
   - B devient **might have** + participe passé

15. Un impératif au discours direct devient __________ au discours indirect.
   - A un infinitif
   - B un présent simple

16. Un impératif à la forme négative au discours direct devient __________ au discours indirect.
   - A un présent simple
   - B un infinitif à la forme négative

Astuce Tous les repères dans le temps doivent être décalés : présent → passé.

Transposez les phrases suivantes au discours indirect.

Corrigé page 114

1. Jenny: "Peter smokes too much."
   - A Jenny said Peter is smoking too much.
   - B Jenny said Peter was smoking too much.
   - C Jenny said Peter smoked too much.

Corrigé page 114

2. Tom: "I am working hard."
   - (A) Tom said he was working hard.
   - (B) Tom said he is working hard.
   - (C) Tom said he would work hard.

3. Bob to Jenny: "Did you like the movie?"
   - (A) Bob asked Jenny if she liked the movie.
   - (B) Bob asked Jenny if she had liked the movie.
   - (C) Bob asked Jenny if she likes the movie.

4. The teacher to the students: "Have you finished your assignment?"
   - (A) The teacher asked the students if they finished their assignment.
   - (B) The teacher asked the students if they had finished their assignment.
   - (C) The teacher asked the students if they will finish their assignment.

5. Tom: "My parents will visit me soon."
   - (A) Tom said his parents would visit him soon.
   - (B) Tom said his parents visit him soon.
   - (C) Tom said his parents are going to visit him soon.

6. Peter: "My children are playing in the garden."
   - (A) Peter said his children are playing in the garden.
   - (B) Peter said his children were playing in the garden.
   - (C) Peter said his children play in the garden.

7. Jenny to her parents: "Can you lend me your car?"
   - (A) Jenny asked her parents to lend her their car.
   - (B) Jenny asked her parents if they can lend her their car.
   - (C) Jenny asked her parents if they could lend her their car.

8. The publisher to the author: "You must finish your book!"

Ⓐ The publisher said to the author she has to finish her book.

Ⓑ The publisher said to the author she had to finish her book.

Ⓒ The publisher said to the author to finish her book.

9. The doctor to the patient: "You should do more exercise"

Ⓐ The doctor said to the patient to do more exercise.

Ⓑ The doctor said to the patient he must do more exercise.

Ⓒ The doctor said to the patient he should have done more exercise.

10. The weatherman: "It may rain in the North."

Ⓐ The weatherman said it will rain in the North.

Ⓑ The weatherman said it might rain in the North.

Ⓒ The weatherman said it would rain in the North.

11. The English teacher: "Repeat after me!"

Ⓐ The English teacher asked repeat after him.

Ⓑ The English teacher asked to repeat after him.

Ⓒ The English teacher asked they repeat after him.

Corrigé page 114

12. The headmaster: "Don't run in the stairs!"

Ⓐ The headmaster said not to run in the stairs.

Ⓑ The headmaster said run not in the stairs.

Ⓒ The headmaster said run in the stairs.

13. Peter: "I have never been here before."

Ⓐ Peter said he was never there before.

Ⓑ Peter said he has been there before.

Ⓒ Peter said he had never been there before.

Corrigé page 114

14. Jenny to her friend: "Did you trust him?"

  (A) Jenny asked her friend if she trusted him.

  (B) Jenny asked her friend if she had trusted him.

  (C) Jenny asked her friend if she trusts him.

15. Bob asked Jenny: "Where will Lisa pick you up?"

  (A) Bob asked Jenny where Lisa will pick her up.

  (B) Bob asked Jenny where would Lisa pick her up.

  (C) Bob asked Jenny where Lisa would pick her up.

16. John: "I have a terrible headache."

  (A) John said he has a terrible headache.

  (B) John said he had a terrible headache.

  (C) John said I had a terrible headache.

17. Paul: "This man needs help."

  (A) Paul said that man needed help.

  (B) Paul said that man needs help.

  (C) Paul said that man will need help.

18. Bob: "Don't do this again!"

  (A) Bob said to not do that again.

  (B) Bob said don't do that again.

  (C) Bob said not to that again.

19. The teacher: "Work harder!"

  (A) The teacher said to work harder.

  (B) The teacher said work harder.

  (C) The teacher said worked harder.

20. John to me: "I have been married for 32 years."

(A) John told me he has been married for 32 years.

(B) John Told me he was married for 32 years.

(C) John told me he had been married for 32 years.

Corrigé page 114

Astuce 1 Pour réussir le passage du discours direct au discours indirect, il est essentiel de respecter la concordance des temps, et l'on ne doit plus retrouver de forme interrogative.

Astuce 2 Il faut utiliser un verbe introductif lorsque l'on rapporte les paroles de quelqu'un.

Complétez les phrases suivantes.

1. **Today** au discours direct devient __________ au discours indirect.

(A) **on this day** (B) **(on) that day**

2. **This morning** au discours direct devient __________ au discours indirect.

(A) **last morning** (B) **(on) that morning**

3. **This year** au discours direct devient __________ au discours indirect.

(A) **last year** (B) **the year before**

4. **Tomorrow** au discours direct devient __________ au discours indirect.

(A) **the day before** (B) **the next day**

5. **Next month** au discours direct devient __________ au discours indirect.

(A) **last month** (B) **the next following month**

6. **Yesterday** au discours direct devient __________ au discours indirect.

(A) **last day** (B) **the day before**

7. **Ago** au discours direct __________ au discours indirect.

(A) devient **before** (B) ne change pas

8. **Here** au discours direct __________ au discours indirect.

(A) ne change pas (B) devient **there**

Transposez les phrases suivantes au discours direct.
(plusieurs possibilités)

Corrigé page 114

1. Bob said he would do his best.
   - A Bob: ''I would do my best.''
   - B Bob: ''I will do my best.''
   - C Bob: ''I do my best.''

2. The boss said that the company was thriving.
   - A The boss: ''The company is going to thrive.''
   - B The boss: ''The company throve.''
   - C The boss: ''The company is thriving.''

3. Peter said he would have come to the party if he had had a car.
   - A Peter: ''I would have come if I had a car.''
   - B Peter: ''I would come if I had a car.''
   - C Peter: ''I will come if I have a car.''

4. The president declared the demonstrations had to stop.
   - A The president declared: ''The demonstrations have to stop.''
   - B The president declared: ''The demonstrations must stop.''
   - C The president declared: ''The demonstrations will have to stop.''

5. I asked my sister what she was doing.
   - A To my sister: ''What do you do?''
   - B To my sister: ''What were you doing?''
   - C To my sister: '' What are you doing?''

6. Jenny asked Peter where his parents lived.
   - A Jenny to Peter: ''Where did your parents live ?''
   - B Jenny to Peter: ''Where does your parents live ?''
   - C Jenny to Peter: ''Where do your parents live ?''

7. I wondered if she could tell me what time it was.

A To Lucy: "What time was it?"

B To Lucy: "Can you tell me what time it is?"

C To lucy: "Can you tell me what time is it?"

Corrigé page 114

8. My boss said he had been trying to keep in touch with me all weekend.

A My boss: "I had been trying to keep in touch with you all weekend."

B My boss: "I have been trying to keep in touch with you all weekend."

C My boss: "I have been trying to keep in touch with him all weekend."

9. Mike told me he had planned to go to NY.

A Mike: "I have planned to go to NY."

B Mike: "I have to go to NY."

C Mike: "I planned to go to NY."

10. Jenny said she would be leaving in a minute.

A Jenny: "I would leave in a minute."

B Jenny: "I would be leaving in a minute."

C Jenny: "I will be leaving in a minute."

Astuce Le *pluperfect* employé au discours direct reste au *pluperfect* au discours indirect.

Complétez les phrases suivantes pour rapporter les propos donnés au discours indirect.

1. "What is your name?" → The police officer wanted to know__________.

A what was my name

B what my name is

C what my name was

2. "Are you quite sure?" → She asked me if__________.

A I am sure

B I were sure

C I was sure

3. "Can I borrow your car?" → Jenny asked her father if__________

   A she can borrow his car.

   B she could borrow his car.

   C can she borrow his car?

4. "I won't tell anybody." → He said he__________.

   A wouldn't tell anybody

   B will not tell anybody

   C didn't tell anybody

5. "Did you like the film?" → Peter wanted to know if __________.

   A I liked the film

   B I had liked the film

   C I did like the film

6. "Why didn't she take a taxi?" → He wondered why__________.

   A she hadn't taken a taxi

   B she hasn't taken a taxi

   C she doesn't take a taxi

7. "Don't run in the corridors." → The teacher asked the pupils __________.

   A to run not in the corridors

   B not to run in the corridors

   C don't run in the corridors

8. "Come with us." → They told us to __________.

   A to come with us

   B to come with them

   C to come

Corrigé page 114

9. "He has never arrived so late." → His wife declared __________.

Ⓐ he had never arrived so late

Ⓑ he couldn't arrive so late

Ⓒ he can't have arrived so late

Corrigé page 114

10. "Is this film as good as they say?" → Jenny wanted to know if __________.

Ⓐ the film was as good as they say

Ⓑ the film was as good as they said

Ⓒ was the film good

11. "I have done my best." → Peter swore he __________.

Ⓐ did his best

Ⓑ had done my best

Ⓒ had done his best

12. "When will you stop saying nonsense?" → She asked him when __________.

Ⓐ he would stop saying nonsense

Ⓑ he could stop saying nonsense

Ⓒ he should stop saying nonsense

13. "Don't tell lies." → Parents ask their children __________.

Ⓐ tell not lies

Ⓑ not to tell lies

Ⓒ do not tell lies

Parmi les propositions données, identifiez la seule traduction correcte.

1. Il m'a demandé qui étaient les autres.

Ⓐ He asked me who were the others.

Ⓑ He asked who were the others?

Ⓒ He asked me who the others were.

Corrigé page 114

2. Elle nous a dit de ne pas bouger.
   - A She told us stand still!
   - B She told us to stand still.
   - C She told us we stand still.

3. Je leur ai demandé s'ils pouvaient venir plus tôt.
   - A I asked them to come earlier.
   - B I asked them can they come earlier?
   - C I asked them if they could come earlier.

4. Elle leur a dit de courir.
   - A She told them to run.
   - B She told them run.
   - C She told them you run.

5. Il a dit qu'il ne pouvait pas sortir car il n'avait pas fini ses devoirs.
   - A He said he can't go out because he hasn't fnished his homework.
   - B He said he couldn't go out because he hadn't finished his homework.
   - C He said he couldn't go out because he didn't finish his homework.

6. Le patron se demandait si les délais seraient respectés.
   - A The boss wondered whether the deadline was met.
   - B The boss wondered whether the deadline will be met.
   - C The boss wondered whether the deadline would be met.

7. Bob a dit que nous devions être plus efficaces.
   - A Bob said we had to be more efficient.
   - B Bob said be more efficient.
   - C Bob said we must be more efficient.

Module 17
CORRIGÉ

Basics

PAGES 103 - 113
Le discours direct et le discours indirect

1 A, B et C 2 A 3 B 4 A 5 B 6 A 7 A 8 B 9 B 10 B 11 B 12 A 13 A 14 B 15 A 16 B

1 C 2 A 3 B 4 B 5 A 6 B 7 C 8 B 9 C 10 B 11 B 12 A 13 C 14 B 15 C 16 B 17 A 18 C 19 A 20 C

1 B 2 B 3 A 4 B 5 B 6 B 7 A 8 B

1 B 2 C 3 B 4 A et B 5 C 6 C 7 B 8 B 9 A et C 10 C

1 C 2 C 3 B 4 A 5 B 6 A 7 B 8 B 9 A 10 B 11 C 12 A 13 B

1 C 2 B 3 C 4 A 5 B 6 C 7 A

VOTRE SCORE :

Vous avez obtenu entre 0 et 23 ? Reprenez chaque question en regardant les endroits où vous avez fait des erreurs.
Vous avez obtenu entre 24 et 47 ? C'est très moyen, mais ne vous découragez pas.
Vous avez obtenu entre 48 et 71 ? Formidable ! Analysez les erreurs et, si besoin, révisez la ou les notions que vous ne maîtrisez pas complètement.
Vous avez obtenu 72 et plus ? You're really very good!

Focus La voix passive

Complétez les phrases suivantes. (plusieurs possibilités)

1. Pour passer une phrase de la voix active à la voix passive, __________.

   A on peut se calquer sur la structure française

   B il faut utiliser l'auxiliaire être

   C il faut forcément utiliser le participe passé

2. L'auxiliaire peut être__________.

   A **do**

   B **have**

   C **be**

Corrigé page 124

3. Lorsque l'on transpose une phrase au passif, l'auxiliaire **be** sera __________.

   A en base verbale

   B conjugué au temps de la phrase active

   C au présent simple

4. À la voix passive, l'auxiliaire **be** sera toujours suivi __________.

   A d'un participe passé

   B d'un prétérit

   C d'un infinitif

5. Quand on passe de la voix active à la voix passive, le sujet __________.

   A reste sujet

   B devient complément d'agent

   C est omis

6. Quand on passe de la voix active à la voix passive, le complément d'objet direct __________.

   A reste complément d'objet direct

   B devient sujet

   C est omis

11. The examination date prevented her from going home early.

- A She was prevented from going home early by the examination date.
- B She prevented from going home early by the examination date.
- C The examination date was prevented from her going home early.

12. You will need a lot of sugar to make some jam.

- A A lot of sugar will be needed by you to make some jam.
- B A lot of sugar will be needed to make some jam.
- C Some jam will need a lot sugar.

13. Lincoln set free the slaves in 1865.

- A The slaves set free in 1865 by Lincoln.
- B The slaves set free Lincoln in 1865.
- C The slaves were set free by Lincoln in 1865.

Corrigé page 124

14. Booth assassinated Lincoln.

- A Lincoln is assassinate by Booth.
- B Lincoln assassinated Booth.
- C Lincoln was assassinated by Booth.

15. Despite the vet's advice, he feeds his dog too much.

- A Despite the vet's advice he is fed too much.
- B Despite the vet's advice his dog is fed too much.
- C Despite the vet's advice, his dog fed too much.

16. They should call the fire brigade.

- A The fire brigade should be called by them.
- B The fire brigade called.
- C The fire brigade should be called.

17. The CEO had promised them a bonus.

A They had been promised a bonus by the CEO.

B A bonus had been promised by the CEO.

C They were promised a bonus by the CEO.

18. They speak English in Malta.

A English is spoke in Malta

B English is spoken in Malta.

C English speaks in Malta.

Corrigé page 124

19. They offered a ring to Emily.

A A ring was offered to Emily.

B Emily was offered a ring by them.

C Emily was offered a ring.

20. The boss will offer them a better position.

A A better position will be offered to them by the boss.

B A better position will offer to them by the boss.

C They will be offered a better position by the boss.

Astuce Pour passer une phrase qui a 2 compléments à la voix passive, comme ici : **They offered a ring to Emily**, on choisit le complément animé (Emily) comme sujet → **Emily was offered a ring**. Dans cette phrase, on omet l'agent : **they** n'est pas spécifié.

Peut-on omettre l'agent pour transformer les phrases suivantes à la voix passive ?

1. Politicians never tell the truth.

A Yes   B No

2. They are mending the roof.

A Yes   B No

3. Someone stole my purse.

A Yes

B No

Traduisez le on *français au moyen d'une phrase à la voix passive.*

Corrigé page 124

1. On nous a dit t'attendre.

A They told us to wait.

B We were told to wait.

C They told us wait.

2. On parle l'anglais dans ce magasin.

A They speak English in this shop.

B We speak English in this shop.

C English is spoken in this shop.

3. On doit écouter les conseils.

A Advice must be listened.

B We must listen to advice.

C One must listen to advice.

4. On aura besoin de plus de temps pour le Brexit.

A More time is needed for Brexit.

B More time will be needed for Brexit.

C They need more time for Brexit.

5. On m'a cambriolé(e) hier.

A They burglarized me yesterday.

B I burglarized yesterday.

C I was burglarized yesterday.

Corrigé page 124

6. On lui a offert ce collier pour son anniversaire.
   - (A) She was offered this necklace for her birthday.
   - (B) This necklace was offered to her for her birthday.
   - (C) They offered her this necklace for her birthday.

7. On ne fait jamais de réunion le week-end.
   - (A) We never hold meetings at the weekend.
   - (B) Meetings are never hold at the weekend.
   - (C) Meetings are never held at the weekend.

8. On leur avait dit de ne pas s'inquiéter.
   - (A) They had been told not to worry.
   - (B) They had been told don't worry.
   - (C) They told them not to worry

9. On est en train de se moquer de moi.
   - (A) Someone is laughing at me.
   - (B) I am being laughed at.
   - (C) Someone laughs at me.

10. On attend de grosses pluies.
   - (A) Heavy shower rains are expected.
   - (B) They expect heavy shower rains.
   - (C) We are waiting for heavy shower rains.

Module 18
CORRIGÉ

Basics

PAGES 115 - 123

La voix passive

1 A, B et C 2 C 3 B 4 A 5 B et C 6 B 7 A, B et C

1 A, B et C 2 A, B et C 3 A 4 A 5 A et B 6 A et C 7 A et C 8 A 9 A
10 B 11 B

1 C 2 B 3 A 4 B 5 A et B 6 C 7 B et C 8 C 9 C 10 B 11 A 12 B
13 C 14 C 15 B 16 C 17 C 18 B 19 C 20 C

1 B 2 A 3 A

1 B 2 C 3 A 4 B 5 C 6 A 7 C 8 A 9 B 10 A

VOTRE SCORE :

Vous avez obtenu entre 0 et 15 ? Reprenez chaque question en regardant les endroits où vous avez fait des erreurs.

Vous avez obtenu entre 16 et 31 ? C'est très moyen, mais ne vous découragez pas.

Vous avez obtenu entre 32 et 47 ? Formidable ! Analysez les erreurs et, si besoin, révisez la ou les notions que vous ne maîtrisez pas complètement.

Vous avez obtenu 48 et plus ? You're really very good!

Focus Les *question tags* et réponses courtes

Corrigé page 133

Complétez les phrases suivantes. (plusieurs possibilités)

1. Les *question tags* sont de petites phrases ________.

   A que l'on rajoute à la fin d'une phrase
   B dont la forme est affirmative si la principale est à la forme négative
   C dont la forme est négative si la principale est à forme affirmative

2. Les *question tags* servent ________.

   A à faire joli
   B à obtenir la confirmation de ce qui a été dit
   C à poser une vraie question dont on ne connaît pas la réponse

3. Les *question tags* sont ________.

   A terminées par un point d'interrogation
   B précédées d'une virgule
   C très utilisées par les Britanniques

4. Pour former une *question tag* on doit ________.

   A utiliser le même modal ou l'auxiliaire que celui de la principale
   B faire l'inversion sujet verbe
   C toujours mettre le pronom sujet
   D toujours mettre la forme contractée du verbe

5. Une *question tag* ________.

   A est aussi appelée « anaphore »
   B nécessite de la logique
   C nécessite de bien connaître temps et auxiliaires

6. Quand la principale est construite avec un impératif avec **let's**, la *question tag* ________.

- A est au futur
- B est toujours **shall we?**
- C n'est pas possible

Corrigé page 133

Complétez les phrases suivantes à l'aide d'une question tag.

1. Peter doesn't like fish, ________?
   - A don't he
   - B doesn't he
   - C doesn't Peter

2. The children don't go to school on Saturday, ________?
   - A don't they
   - B do the children
   - C do they

3. Bob hasn't got a car, ________?
   - A has he
   - B hasn't he
   - C is he

4. John didn't visit Jane, ________?
   - A doesn't he
   - B did john
   - C didn't he

5. Peter is not American, ________?
   - A is he
   - B isn't he
   - C does he

6. Jenny has not finished, _________?

   A hasn't she

   B does she

   C has she

7. Paul cannot do it on his own, _________?

   A can't he

   B can he

   C cannot it

8. Jane would never do this, _________?

   A wouldn't she

   B never would she

   C would she

9. Bob had not understood, _________?

   A had he

   B had Bob

   C he had

10. They won't be able to come, _________?

   A won't they

   B will they

   C will not they

11. He should not do this, _________?

   A shouldn't he

   B should he

   C should not he

Corrigé page 133

12. Peter went to NY, _________?

Corrigé page 133

- A did he
- B didn't he
- C didn't Peter

13. The United Kingdom is leaving the European Union, _________?

- A doesn't it
- B is it
- C isn't it

14. Queen Elizabeth's mum died at the age of 101, _________?

- A did she
- B didn't she
- C hasn't she

15. You can do it now, _________?

- A can do you
- B can't you
- C don't you

16. Nice day, _________?

- A doesn't it
- B does it
- C isn't it

17. He will come, _________?

- A won't he
- B will he
- C will he not

18. He sang this song, _________?

    A did he

    B didn't he

    C doesn't he

Corrigé page 133

19. Let's go the cinema, _________?

    A will we

    B will us

    C shall we

20. Help me, _________?

    A shall you

    B will you

    C won't you

Complétez les phrases suivantes. (plusieurs possibilités)

1. Peter and John _________ both students, aren't _________?

   A isn't / he

   B are / they

   C aren't / they

2. They _________ to New Zeland two years ago, _________?

   A go / don't they

   B went / don't they

   C went / didn't they

3. She _________ got a new boy friend, _________?

   A has / hasn't she

   B hasn't got / has she

   C had / hasn't she

4. He _________ drink so much, _________?

   A should / shouldn't he

   B shouldn't / should he

   C could / couldn't he

Corrigé page 133

5. Your mum _________ just retired, _________?

   A have / haven't she

   B has / hasn't she

   C is / isn't she

Focus Les *tags* de surprise

Complétez les phrases suivantes. (plusieurs possibilités)

1. Les *tags* dites « de surprise » __________.

   A ne suivent pas la même formation que les tags « traditionnelles »

   B conservent le même auxiliaire

   C gardent la même forme que dans la principale

2. He doesn't know the answer, __________ he? That's appalling!

   A does

   B doesn't

   C isn't

3. She has forgotten her keys once again, __________?

   A has she

   B hasn't she

   C doesn't she

Focus Les *tags* réponses courtes

Corrigé page 133

Complétez les phrases suivantes. (plusieurs possibilités)

1. En anglais, __________.

   A il est impoli de répondre juste **yes** ou **no**

   B il faut reprendre l'auxiliaire dans les réponses courtes

   C il faut étoffer la réponse

2. You're late! – Yes, __________.

   A I do

   B I can

   C I am

3. Can I help you? – No, __________.

   A you can

   B you can't

   C you don't

4. I am sure you want a hamburger. – Yes, __________.

   A I want

   B I am

   C I do

5. Does she sometimes go skiing? Yes, __________.

   A she goes

   B she does

   C she is

6. Did you enjoy the movie? – No, __________.

   A I didn't

   B I don't

   C I am

Module 19
BASICS

Focus Les *tags* avec *so/neither/nor*

Parmi les propositions données, identifiez la seule traduction correcte.

Corrigé page 133

1. J'ai chaud ! – Moi aussi.
   - A I am hot! – Either me.
   - B I am hot! – Me too.
   - C I am hot! / – So am I.

2. Mon frère travaille chez NatWest. – Ma sœur aussi.
   - A My brother works at Natwest. – So is may siter.
   - B My brother works at Natwest. – So does my sister.
   - C My brother works at Natwest. – Neither does my sister.

3. Je n'ai jamais pris l'avion. – Moi non plus.
   - A I've never taken a plane. – Neither have I.
   - B I've never taken a plane. – So haven't I.
   - C I've never taken a plane. – I don't have either.

4. Je ne sais pas danser. – Moi non plus.
   - A I can't dance. – Nor can I.
   - B I can't dance. – Me nor.
   - C I can't dance. – I can't dance too.

Module 19
CORRIGÉ

Basics

PAGES 125 - 130

Les *question tags* et réponses courtes

1 A, B et C 2 B 3 A, B et C 4 A, B, C et D 5 A, B et C 6 B

1 B 2 C 3 A 4 C 5 A 6 C 7 B 8 C 9 A 10 A 11 B 12 B 13 C 14 B 15 B 16 C 17 A 18 B 19 C 20 B

1 B 2 C 3 A 4 B 5 B et C

PAGE 130

Les *tags* de surprise

1 A, B et C 2 B 3 A

PAGE 131

Les *tags* réponses courtes

1 A, B et C 2 C 3 B 4 C 5 B 6 A

PAGE 132

Les *tags* avec **so/neither/nor**

1 C 2 B 3 A 4 A

VOTRE SCORE :

Vous avez obtenu entre 0 et 10 ? Reprenez chaque question en regardant les endroits où vous avez fait des erreurs.

Vous avez obtenu entre 11 et 26 ? C'est très moyen, mais ne vous découragez pas.

Vous avez obtenu entre 27 et 42 ? Formidable ! Analysez les erreurs et, si besoin, révisez la ou les notions que vous ne maîtrisez pas complètement.

Vous avez obtenu 43 et plus ? You're really very good!

Module 20
BASICS

Focus Les formes verbales diverses

Parmi les propositions données, identifiez la seule traduction correcte.

Corrigé page 140

1. Laisser quelqu'un faire quelque chose.
   - A To let somebody to do something.
   - B To let somebody done something.
   - C To let someboby do something.

2. Vouloir que quelqu'un fasse quelque chose.
   - A To want somebody to do something.
   - B To want somebody do something.
   - C To want somebody done something.

3. Faire faire ou faire réaliser quelque chose.
   - A To have something do.
   - B To have something done.
   - C To have something to do.

4. Faire faire quelque chose à quelqu'un.
   - A To have somebody to do something.
   - B To have somebody do something.
   - C To have somebody done something.

5. Pousser quelqu'un à faire quelque chose.
   - A To make somebody to do something.
   - B To make somebody done something.
   - C To make somebody do something.

6. Avoir hâte de...

Corrigé page 140

- A To look forward to do something.
- B To look forward to doing something.
- C To look forward to done something.

7. Cela vous dérangerait-il de faire... ?

- A Would you mind do ...?
- B Would you mind to do ...?
- C Would you mind doing ...?

8. Continuer à faire quelque chose.

- A To carry on to do something.
- B To carry on do something.
- C To carry on doing something.

9. Rappeler à quelqu'un de faire quelque chose.

- A To remind somebody of doing something.
- B To remind somebody to do something.
- C To remind somebody do something.

10. Refuser de faire quelque chose.

- A To object to do something.
- B To object do something.
- C To object doing something.

Astuce Après un verbe, **to** est soit un marqueur d'infinitif (exemple : I want to help you.) soit une préposition – il est alors suivi d'un gérondif (base verbale + **-ing**). Il peut aussi faire partie d'un verbe à particule *(phrasal verb)* – il est alors suivi d'une base verbale + **-ing**.

26. Would you mind __________ a window please?

(A) opening (B) to open

27. The Met is worth __________.

(A) visiting (B) to visit

28. It's no good __________ to him.

(A) talking (B) to talk

29. I am fed up with __________ always the same thing.

(A) repeating (B) to repeat

30. It is no use __________, he's deaf.

(A) shouting (B) to shout

Parmi les propositions données, identifiez la traduction correcte.

Corrigé page 140

1. Nager est très bon pour la santé.

(A) To swim has health benefits.

(B) Swimming has health benefits.

2. Être ou ne pas être, telle est la question.

(A) To be or not to be, that's the point.

(B) Being or not being, that's the point.

3. Fumer est interdit dans les lieux publics.

(A) Smoking is banned in public places.

(B) To smoke is banned in public places.

4. Et si nous allions au cinéma ?

(A) What about go to the cinema?

(B) What about going to the cinema?

5. Pourquoi ne pas aller au restaurant ?

   (A) Why not go to the restaurant?

   (B) Why not going to the restaurant?

6. Au lieu de jouer aux jeux vidéo, tu ferais mieux de travailler.

   (A) Instead to play video games you had better work.

   (B) Instead of playing video games, you should work.

7. Malgré son handicap, il gagna la course.

   (A) Despite being disabled, he won the race.

   (B) Despite to be disabled, he won the race.

8. Merci de me tenir informée.

   (A) Thank you to keep me in the loop.

   (B) Thank you for keeping me in the loop

9. Je suis préoccupée à l'idée de ne pas finir le travail à temps.

   (A) I am concerned not to finish the work on time.

   (B) I am concerned about not finishing on time.

10. Elle est chargée de l'import-export.

   (A) She is in charge of managing the imports and the exports.

   (B) She is in charge to manage the imports and the exports.

Astuce Observez ces deux phrases : **1 She regrets spending money. / 2 She regrets to say he has failed the exam.** Dans la phrase 1, les regrets sont postérieurs à l'action, donc il faut utiliser le gérondif. Dans la phrase 2, les regrets sont antérieurs à l'action, donc il faut utiliser l'infinitif. Avec les verbes **advise**, **allow** et **permit**, si la personne est mentionnée, on utilise l'infinitif. Si la personne n'est pas mentionnée, on utilise le gérondif (exemple : **The consultant advised his clients to change their strategy. / The consultant advised changing the strategy.**) Pour traduire un infinitif français en début de phrase, on utilise le gérondif (exemple : Eating 5 pieces of fruit and vegetables is healthy.)

Module 20
CORRIGÉ

Basics

PAGES 134 - 139

Les formes verbales diverses

1 C | 2 A | 3 B | 4 B | 5 C | 6 B | 7 C | 8 C | 9 B | 10 C

1 A | 2 A | 3 A | 4 B | 5 A | 6 A | 7 A | 8 B | 9 B | 10 A | 11 B | 12 A | 13 A et B | 14 A et B | 15 A | 16 B | 17 A | 18 B | 19 A | 20 B | 21 A | 22 A | 23 B | 24 B | 25 B | 26 A | 27 A | 28 A | 29 A | 30 A

1 B | 2 A | 3 A | 4 B | 5 A | 6 B | 7 A | 8 B | 9 A | 10 A

VOTRE SCORE :

Vous avez obtenu entre 0 et 15 ? Reprenez chaque question en regardant les endroits où vous avez fait des erreurs.

Vous avez obtenu entre 16 et 31 ? C'est très moyen, mais ne vous découragez pas.

Vous avez obtenu entre 32 et 47 ? Formidable ! Analysez les erreurs et, si besoin, révisez la ou les notions que vous ne maîtrisez pas complètement.

Vous avez obtenu 48 et plus ? You're really very good!

Focus *Used to ou to be used to* + base verbale + *-ing*

Corrigé page 143

Complétez les phrases suivantes. (Plusieurs possibilités)

1. **Used to** + base verbale ___________.

   A exprime une habitude dans le passé

   B exprime une habitude dans le passé qui n'a plus cours aujourd'hui

   C permet de traduire un imparfait français

2. **Used to** + base verbale ___________.

   A ne s'emploie qu'à la forme affirmative

   B nécessite un auxiliaire à la forme interrogative

   C nécessite un auxiliaire à la forme négative

3. **To be** ou **get used to** + base verbale + **-ing** ___________.

   A se traduit par *être habitué à*

   B se traduit par *s'habituer à*

   C peut se conjuguer à tous les temps

Parmi les propositions données, identifiez la seule traduction correcte.

1. Avant je conduisais pour aller au travail, maintenant je prends le train.

   A Before I drove to work and I now I take the train.

   B I was used to driving to work now I take the train.

   C I used to drive to work now I take the train.

2. Elle s'habituera à conduire à gauche.

   A She is used to drive on the left.

   B She gets used to driving on the left.

   C She will get used to driving on the left.

3. Ma grand-mère n'avait pas pour habitude de fumer.

Corrigé page 143

A My grandmother didn't use to smoke.

B My grandmother didn't used to smoke.

C My grandmother wasn't used to smoke.

4. Je fumais comme un pompier, mais j'ai arrêté.

A I am used to being a chain smoker but now I quit.

B I used to be a chain smoker but now I quit.

C I used to being a chain smoker but now I quit.

5. Il s'habitue petit à petit à se lever tôt.

A He is used to getting up early.

B He was used to get up early.

C He is getting used to getting up early.

6. Est-ce que tu mangeais beaucoup de bonbons quand tu étais petite ?

A Are you used to eating a lot of candies when you were a little girl?

B Did you use to eat a lot of candies when you were a little girl?

C Did you used to eat a lot of candies when you were a little girl?

7. Ma mère me lisait une histoire avant que je m'endorme.

A My mum used to read me a bed time story.

B My mum was used to read me a bed time story.

C My is used to telling a bed time story.

Astuce Pour évoquer une action qui a duré dans le passé mais qui n'a plus cours aujourd'hui, on utilise **used to** + base verbale. Pour traduire *s'habituer à* ou *être habitué à* on utilise **get/be used to** + base verbale + **-ing**.

Basics

PAGES 141 - 142

Used to ou **to be used to** + base verbale + **-ing**

1 Ⓐ, Ⓑ et Ⓒ 2 Ⓐ, Ⓑ et Ⓒ 3 Ⓐ, Ⓑ et Ⓒ

1 Ⓒ 2 Ⓒ 3 Ⓐ 4 Ⓑ 5 Ⓒ 6 Ⓑ 7 Ⓐ

VOTRE SCORE :

Vous avez obtenu entre 0 et 2 ? Reprenez chaque question en regardant les endroits où vous avez fait des erreurs.
Vous avez obtenu entre 3 et 5 ? C'est très moyen, mais ne vous découragez pas.
Vous avez obtenu entre 6 et 8 ? Formidable ! Analysez les erreurs et, si besoin, révisez la ou les notions que vous ne maîtrisez pas complètement.
Vous avez obtenu 9 et plus ? You're really very good!

Module 22
BASICS

Focus L'expression du souhait ou du regret

Complétez les phrases suivantes.

1. Pour exprimer un souhait, on utilise : __________. (plusieurs possibilités)

   A **to regret**
   B **what a pity**
   C **to wish**
   D **if only**

2. Après **wish**, le verbe peut être conjugué __________. (plusieurs possibilités)

   A au présent
   B au *pluperfect*
   C au prétérit
   D au conditionnel avec **would**

3. Pour exprimer un souhait dans le présent, le verbe après **wish** est conjugué __________.

   A au présent
   B au *pluperfect*
   C au prétérit
   D au conditionnel avec **would**

4. Pour exprimer un souhait dans le passé (le regret), le verbe après **wish** est conjugué __________.

   A au présent
   B au *pluperfect*
   C au prétérit
   D au conditionnel avec **would**

5. Pour exprimer un souhait dans le futur, le verbe après **wish** est conjugué __________.

   A au présent
   B au *pluperfect*
   C au prétérit
   D au conditionnel avec **would**

6. L'expression **if only** __________. (plusieurs possibilités)

   A suit la même conjugaison que **wish**
   B est plus emphatique que **wish**
   C est plus familier que **wish**

Corrigé page 151

Dans les phrases suivantes, indiquez si le souhait exprimé est en rapport avec le présent, le passé ou le futur.

Corrigé page 151

1. I wish you were here.

   A Présent B Passé C Futur

2. I wish my son had worked harder. He wouldn't have failed his exam.

   A Présent B Passé C Futur

3. We wish we could see her more often.

   A Présent B Passé C Futur

4. I wish they would stop arguing.

   A Présent B Passé C Futur

5. He wish he hadn't married her.

   A Présent B Passé C Futur

6. She wishes the mail would arrive earlier.

   A Présent B Passé C Futur

7. I wish the rain would stop.

   A Présent B Passé C Futur

8. I only the sun would come out.

   A Présent B Passé C Futur

9. If only he could have explained.

   A Présent B Passé C Futur

10. If only you could be there.

    A Présent B Passé C Futur

Module 22
BASICS

Complétez les phrases suivantes.

Corrigé page 151

1. I wish you __________ talking during my lesson.

   (A) stopped (B) had stopped (C) would stop

2. Jane wishes she __________ more money so she could go to London.

   (A) earned (B) had earned (C) would earn

3. I wish you __________ the secret. Now he knows.

   (A) kept (B) had kept (C) Would keep

4. I wish we __________ you on Saturday but we have something else planned.

   (A) could visit (B) could have visited (C) would visit

5. I wish you __________ that. It is annoying.

   (A) didn't do (B) hadn't done (C) wouldn't do

6. My train is always delayed. I wish it __________ on time for a change.

   (A) arrived (B) had arrive (C) would arrive

7. I wish he __________ more rapidly. Now we have a situation.

   (A) reacted (B) had reacted (C) would react

8. Bob wished he __________ taller so that he could play in the basketball team.

   (A) was (B) were (C) would be

9. If only I __________ so much. Now I am broke.

   (A) didn't spend (B) hadn't spent (C) wouldn't spend

10. I wish he __________ his train. The lecturer was brilliant.

    (A) didn't miss (B) hadn't missed (C) wouldn't miss

11. I am so impatient. I wish he __________ already here.

   (A) were (B) was (C) had been (D) would be

12. My parents wish I __________ good at maths. But I don't like this topic.

   (A) were (B) was (C) had been (D) would be

13. They told the judge they wish they __________ the car.

   (A) didn't steal (B) hadn't stolen (C) wouldn't steal

14. I wish you __________ It was an amazing concert.

   (A) came (B) had come (C) would come

15. I wish you __________ more helpful in the future.

   (A) were (B) had been (C) would be

16. I wish I __________ so. I am deeply sorry.

   (A) didn't say (B) hadn't said (C) wouldn't say

17. I wish I __________ so hard. I need a holiday.

   (A) didn't work (B) hadn't worked (C) wouldn't work

18. I can't stand him anymore. I wish he __________ me alone.

   (A) left (B) had left (C) would leave

19. I wish he __________ me. Now I feel miserable.

   (A) didn't leave (B) hadn't left (C) would leave

20. I wish I __________ my old guitar because I could have given it to my daughter.

   (A) didn't sell (B) hadn't sold (C) would sell

Parmi les propositions données, identifiez la seule traduction correcte.

1. Si seulement tu avais suivi mes conseils !

   (A) If only you could follow my advice!

   (B) If only you would have followed my advice!

   (C) If only you had followed my advice!

Corrigé page 151

2. J'aurais aimé ne jamais l'avoir rencontré.

A I wish I would never meet him.

B I wish I had never met him.

C I wish I didn't meet him.

3. J'aimerais bien comprendre.

A I wish I understood.

B I wish I had understood.

C I wish I would understand.

4. J'aimerais que tu ne fasses plus la faute à l'avenir.

A I wish you didn't make the mistake in the future.

B I wish you hadn't made the mistake in the future.

C I wish you wouldn't make the mistake in the future.

5. Si seulement j'avais une maison plus spacieuse.

A I wish I had a more spacious house.

B I wish I had had a more spacious house.

C I wish I would have a more spacious house.

6. J'aimerais bien qu'il arrête d'écouter du rap aussi violent.

A I wish he stopped listening to such a violent rap music.

B I wish he had stopped listening.

C I wish he would stop listening to such a violent rap music.

7. Comme j'aimerais qu'il m'aime.

A I wish he loved me.

B I wish he had loved me.

C I wish he would love me.

8. Ah, si j'étais riche !

Corrigé page 151

A I wish I was rich.

B I wish I were rich.

C I wish I had been rich.

9. Je suis désolée qu'il n'ait pas été embauché.

A I feel sorry he wasn't hired.

B I feel sorry he hadn't been hired.

C I feel sorry he wouldn't be hired.

10. Il aimerait que son entreprise passe à l'international.

A He wishes his company would go global

B He wishes his company went global.

C He wishes his company had gone global.

11. J'aurais aimé être un artiste.

A I wish I would be a star.

B I wish I could have been a star

C I wish I was a star.

12. Si seulement je pouvais te revoir.

A I wish I would see you again.

B If only I could have seen you again.

C I wish I saw you again.

13. Comme j'aimerais m'offrir cette paire de chaussures.

A I wish I could afford this pair of shoes.

B I wish I had been able to afford this pair of shoes.

C I wish I would afford this pair shoes.

14. J'aimerais qu'il ne me réponde pas quand je lui fais des remontrances.

A I wish he didn't answer back when I scold him.

B I wish he wouldn't answer back when I scold him.

C I wish he had not answered back when I scolded him.

Astuce En anglais, pour exprimer un souhait, on utilise le prétérit.
Pour exprimer un regret, on utilise le *pluperfect*.
Pour exprimer l'impatience que les choses arrivent (ou non) plus rapidement, on utilise le conditionnel avec **would**.

Module 22
CORRIGÉ

Basics

PAGES 144 - 150

L'expression du souhait ou du regret

1 A, B, C et D 2 B, C et D 3 C 4 B 5 D 6 A et B

1 A 2 B 3 A 4 C 5 B 6 C 7 C 8 C 9 B 10 A

1 C 2 A 3 B 4 A 5 C 6 C 7 B 8 B 9 B 10 B 11 D 12 A 13 B 14 B 15 C 16 B 17 A 18 C 19 B 20 B

1 C 2 B 3 A 4 C 5 A 6 C 7 A 8 B 9 A 10 B 11 B 12 C 13 B 14 B

VOTRE SCORE :

Vous avez obtenu entre 0 et 15 ? Reprenez chaque question en regardant les endroits où vous avez fait des erreurs.

Vous avez obtenu entre 16 et 31 ? C'est très moyen, mais ne vous découragez pas.

Vous avez obtenu entre 32 et 47 ? Formidable ! Analysez les erreurs et, si besoin, révisez la ou les notions que vous ne maîtrisez pas complètement.

Vous avez obtenu 48 et plus ? You're really very good!

Module 23
BASICS

Focus Les verbes et les adverbes

Corrigé page 161

Complétez les phrases suivantes.

1. Un adverbe peut se placer __________. (plusieurs possibilités)

   (A) avant le nom qu'il modifie

   (B) après le verbe qu'il modifie

   (C) en fin de phrase

2. La place de l'adverbe dépend __________.

   (A) de sa nature

   (B) de la nature du nom qu'il modifie

   (C) de la nature du verbe qu'il modifie

3. Les adverbes de temps d'une ou deux syllabes (exemples : **still**, **never**, **always**) se placent __________. (plusieurs possibilités)

   (A) après le verbe aux temps simples

   (B) avant le verbe aux temps simples

   (C) entre l'auxiliaire et le verbe aux temps composés

4. Les adverbes semi-négatifs (exemples : **almost**, **hardly**, **even**) se placent __________. (plusieurs possibilités)

   (A) après le verbe aux temps simples

   (B) avant le verbe aux temps simples

   (C) entre l'auxiliaire et le verbe aux temps composés

5. Les adverbes qui se terminent par **-ly** se placent d'ordinaire __________. (plusieurs possibilités)

   (A) après le verbe aux temps simples

   (B) avant le verbe aux temps simples

   (C) après le complément d'objet direct (COD)

6. Les adverbes de lieux (exemples : **abroad**, **everywhere**) et les adverbes de temps de plus de deux syllabes (exemples : **tomorrow**, **yesterday**) se placent __________.

Corrigé page 161

- A avant le verbe
- B après le verbe
- C en fin de proposition

7. L'adverbe se place__________.

- A avant l'auxiliaire **be**
- B après l'auxiliaire **be**

8. L'adverbe peut se trouver en début de phrase __________. (plusieurs possibilités)

- A pour des raisons de style
- B pour ressembler au français
- C pour des raisons de mise en valeur

9. **Perhaps** et **maybe** __________. (plusieurs possibilités)

- A se placent en début de phrase
- B se placent avant le verbe
- C s'emploient dans un style familier

10. Les adverbes **very much**, **well**, **a lot**, **at all** se placent __________.

- A avant le COD
- B après le COD

Parmi les propositions données, identifiez la seule qui soit correcte.

1.

- A Always I am late at work.
- B I am always late at work.
- C I am late always at work.

Corrigé page 161

14. (plusieurs possibilités)

- A I am really working hard.
- B I am working hard really.
- C I really am working hard.

15. Chuchill a dit :

- A Give up never, never, never, never.
- B Give never, never, never, never up.
- C Never, never, never give up.

16.

- A She is currently studying laws.
- B Currently she is studying laws.
- C She currently is studying laws.

17.

- A They recognized her barely.
- B They barely recognized her.
- C They recognized barely her.

18.

- A They several times a month meet.
- B They meet several times a month.
- C Several times a month they meet.

19.

- A She speaks English every day.
- B Every day she speaks English.
- C She speaks every day English.

Corrigé page 161

20.

- A The team badly played.
- B Badly the team played.
- C The team played badly.

21.

- A He is slow too.
- B He is too slow.
- C He too is slow.

22.

- A She doesn't work hard enough to succeed.
- B She doesn't enough work to succeed.
- C She enough doesn't work to succeed.

23.

- A Yesterday, we went to the beach.
- B We went to the beach yesterday.
- C We yesterday went to the beach.

24.

- A I have been to London often.
- B Often, I have been to London.
- C I have often been to London.

25.

- A Peter speaks very well English.
- B Peter very well speaks English.
- C Peter speaks English very well.

Corrigé page 161

26.

A Have you had lunch yet?

B Have you had yet lunch?

C Yet have you had lunch?

27.

A Bill doesn't at all speak German.

B Bill doesn't speak German at all.

C Bill at all doesn't speak German.

28.

A Julian asleep still.

B Still Julian is asleep.

C Julian is still asleep.

29.

A I already have finished the work you gave me.

B I have already finished the work you gave me.

C I have finished the work you gave me already.

30.

A Romeo loved Juliet desperately.

B Romeo desperately loved Juliet.

C Romeo loved desperately Juliet.

Parmi les propositions données, trouvez la seule traduction correcte.

1. Paul pouvait à peine respirer à cause de la pollution.

A Paul could hardly breathe because of smog.

B Paul hardly could breathe because of smog.

C Paul could breathe hardly because of smog.

2. Avez-vous déjà sauté en parachute ?
   - A Have you gone skydiving ever?
   - B Have you ever gone skydiving?
   - C Have ever you gone skydiving?

3. Nous ne l'avons plus revu depuis.
   - A Ever since we haven't seen him.
   - B We ever since haven't seen him.
   - C We have never seen him ever since.

Corrigé page 161

4. Nous n'avons pas encore rencontré le nouveau PDG.
   - A We haven't met the new CEO yet.
   - B Yet, we haven't met the new CEO.
   - C We haven't yet met the new CEO.

5. Ils vont très peu souvent au restaurant.
   - A They don't go to the restaurant very often.
   - B They hardly ever go to the restaurant.
   - C They rarely go to the restaurant.

6. Il prend rarement sa voiture.
   - A He takes seldom his car.
   - B He takes his car seldom.
   - C He seldom takes his car.

7. Il a été accusé à tort.
   - A He was wrongly accused.
   - B He wrongly was accused.
   - C He was accused wrongly.

8. Je n'aime pas tellement cela.

Corrigé page 161

- A I don't much like it.
- B I don't like it much.
- C I don't like much it.

9. Il était évident que le feu était d'origine criminelle.

- A It was fairly clear the fire had been set deliberately.
- B It was fairly clear the fire deliberately had been set.
- C It was fairly clear the fire had been deliberately set.

10. Il n'y a presque pas de problèmes avec ce nouveau logiciel.

- A There are hardly any problems with this new software.
- B There hardly are any problems with this new software.
- C There aren't hardly any problems with this new software.

Astuce Principe de base : on ne sépare pas le verbe de son complément.
La place de l'adverbe varie selon l'adverbe employé.
L'adverbe se place ordinairement avant le nom qu'il modifie.
L'adverbe se place après le verbe auxiliaire **be**.
L'adverbe se place entre l'auxiliaire et le verbe.

Basics

PAGES 152 - 160

Les verbes et les adverbes

1 A, B et C 2 A 3 B et C 4 B et C 5 B et C 6 C 7 B 8 A et C 9 A et C 10 B

1 B 2 A 3 C 4 A 5 C 6 B 7 B 8 A 9 C 10 A 11 A 12 B 13 C 14 A et C 15 C 16 A 17 B 18 B 19 A 20 C 21 B 22 A 23 B 24 C 25 C 26 A 27 B 28 C 29 B 30 A

1 A 2 B 3 C 4 A 5 B 6 C 7 A 8 B 9 C 10 A

VOTRE SCORE :

Vous avez obtenu entre 0 et 15 ? Reprenez chaque question en regardant les endroits où vous avez fait des erreurs.

Vous avez obtenu entre 16 et 31 ? C'est très moyen, mais ne vous découragez pas.

Vous avez obtenu entre 32 et 47 ? Formidable ! Analysez les erreurs et, si besoin, révisez la ou les notions que vous ne maîtrisez pas complètement.

Vous avez obtenu 48 et plus ? You're really very good!

Module 24
BASICS

Focus Les verbes pronominaux et réfléchis

Répondez aux questions posées ou complétez les phrases suivantes.

1. La formation d'un verbe pronominal réfléchi (exemple : se laver) ou réciproque (exemple : se battre) change d'un verbe à l'autre.

   A Vrai B Faux

2. Il faut obligatoirement ajouter quelque chose (exemple : un pronom, un adjectif) au verbe pour obtenir la forme pronominale.

   A Vrai B Faux

3. Certains verbes contiennent déjà la forme pronominale.

   A Vrai B Faux

4. Pour obtenir la forme pronominale ou réciproque d'un verbe en anglais, on peut ___________. (plusieurs possibilités)

   A utiliser un pronom réfléchi (exemples : **mysellf**, **yourself**...)

   B utiliser un adjectif possessif

   C simplement conjuguer le verbe

5. La forme pronominale peut aussi être obtenue grâce à la construction **get** + adjectif ou participe passé.

   A Vrai B Faux

Parmi les propositions données, identifiez la ou les traduction(s) ou (proposition(s) correcte(s).

1. Elle se demande...

   A She wonders herself...

   B She wonders...

   C She gets wondered...

Corrigé page 169

2. Il se reproche de...

   A He blames himself for...

   B He blames for...

   C He gets blamed for...

Corrigé page 169

3. Nous nous habillons.

- A We dressing ourselves.
- B We dress.
- C We get dressed.

4. Elle s'est mise à chanter.

- A She began herself to sing.
- B She began to sing.
- C She got to sing.

5. S'écouter les uns les autres.

- A To listen to oneself.
- B To listen to one another.
- C To get listened.

6. Il s'est noyé.

- A He drowned himself.
- B He drowned.
- C He got drowned.

7. Elle s'est brûlée.

- A She burnt herself.
- B She burnt.
- C She got burnt.

8. Ils se sont mariés. (plusieurs possibilités)

- A They married themselves.
- B They married.
- C They got married.

9. Amuse-toi !

- A Enjoy yourself!
- B Enjoy!
- C Get enjoyed!

Corrigé page 169

10. Ils se sont perdus.

- A They lost themselves.
- B They lost.
- C They got lost.

11. Elle s'habitue.

- A She uses herself.
- B She uses.
- C She gets used to.

12. S'abonner.

- A To subscribe onself.
- B To subscribe.
- C To get subscribed.

13. Nina Simone a chanté : __________.

- A I am feeling myself good
- B I am feeling good
- C I am getting good

14. Lavez-vous les mains.

- A Wash your hands yourselves.
- B Wash your hands.
- C Get your hands washed.

Corrigé page 169

15. Laissez-moi me présenter...
    - A Let me introduce myself...
    - B Let me introduce...
    - C Get me introduced...

16. J'ai besoin de me relaxer.
    - A I need to relax myself.
    - B I need to relax.
    - C I need to get relaxed.

17. Elle se réveille.
    - A She wakes herself up.
    - B She wakes up.
    - C She gets woken.

18. Il se répète.
    - A He repeats himself.
    - B He repeats.
    - C He gets repeated.

19. Je m'ennuie.
    - A I bore myself.
    - B I bore.
    - C I get bored.

20. Elle se regarde dans le miroir.
    - A She looks at herself in the mirror.
    - B She looks in the mirror.
    - C She gets looked in the mirror.

21. On se voit de temps en temps.

- A We sometimes see ourselves.
- B We sometimes see.
- C We sometimes see each other.

Corrigé page 169

22. Ils se querellent.

- A They quarrel themselves.
- B They quarrel.
- C They get quarrelled.

23. Katty Perry chante : __________.

- A We kiss ourselves and make up.
- B We kiss and make up.
- C We get kissed and make up.

24. Il a mis fin à ses jours.

- A He killed himself.
- B He killed.
- C He got killed.

25. Il s'est cassé le poignet.

- A He broke himself the wrist.
- B He broke his wrist.
- C He got his wrist broken.

26. Je me dépêche.

- A I hurry myself.
- B I hurry.
- C I got hurried.

Corrigé page 169

27. Elle se rase les jambes.

- **A** She shaves her legs herself.
- **B** She shaves her legs.
- **C** She got shaved.

28. Je me suis fait comprendre.

- **A** I made myself understood.
- **B** I understood.
- **C** I got understood.

29. Ils se sont cachés.

- **A** They hid themselves.
- **B** They hid.
- **C** They got hidden.

30. Ils se sont fait prendre.

- **A** They caught themselves.
- **B** They caught.
- **C** They got caught.

31. Elle s'est fâchée.

- **A** She was angry.
- **B** She got herself angry.
- **C** She got angry.

32. Servez-vous !

- **A** Help yourself!
- **B** Help you!
- **C** Get helped.

33. Elle ne s'est pas réveillée.

A She overslept herself.

B She overslept.

C She got overslept.

Corrigé page 169

34. Je me suis débarrassé de ma vieille voiture.

A I got rid off myself my old car.

B I rid off my old car.

C I got rid off my old car.

35. Je m'appelle John.

A I call myself John.

B I get called John.

C I am called John.

Astuce En anglais, il y a beaucoup de verbes qui « contiennent » déjà la forme pronominale (exemples : **to shave**, **to wash**).
Si le verbe n'a pas de sens réfléchi, il peut se conjuguer sans complément (exemple : **to escape**).
Si le verbe a un sens réciproque, on utilise un verbe sans complément (exemples : **they met**, **they fought**).
Parfois, la forme pronominale peut être rendue par un adjectif (exemple : Je me suis lavée les dents. → **I washed my teeth.**).
Certains verbes nécessitent un pronom réfléchi (exemple : s'amuser → **to enjoy oneself**).

Module 24
CORRIGÉ

Basics

PAGES 162 - 168

Les verbes pronominaux et réfléchis

1 A | 2 B | 3 A | 4 A, B et C | 5 A

1 B | 2 A | 3 C | 4 B | 5 B | 6 B | 7 A | 8 B et C | 9 A | 10 C | 11 C | 12 B | 13 B | 14 B | 15 A | 16 B | 17 B | 18 A | 19 C | 20 B | 21 B | 22 B | 23 B | 24 A | 25 B | 26 B | 27 B | 28 A | 29 B | 30 C | 31 C | 32 A | 33 B | 34 C | 35 C

VOTRE SCORE :

Vous avez obtenu entre 0 et 10 ? Reprenez chaque question en regardant les endroits où vous avez fait des erreurs.

Vous avez obtenu entre 11 et 23 ? C'est très moyen, mais ne vous découragez pas.

Vous avez obtenu entre 24 et 37 ? Formidable ! Analysez les erreurs et, si besoin, révisez la ou les notions que vous ne maîtrisez pas complètement.

Vous avez obtenu 38 et plus ? You're really very good!

Module 25
BASICS

Focus Les *phrasal verbs* ou verbes à particule

Corrigé page 173

Compétez les phrases suivantes.

1. Les *phrasal verbs* ou verbes à particules __________. (plusieurs possibilités)

   - A sont omniprésents dans la langue anglaise
   - B sont indispensables pour parler un anglais courant
   - C peuvent, avec la même particule, avoir des sens multiples
   - D constituent une des difficultés majeures de la langue anglaise

2. Un *phrasal verb* __________. (plusieurs possibilités)

   - A est toujours suivi d'une particule, c'est-à-dire d'une préposition
   - B comprend une particule qui fait partie intégrante du verbe
   - C exprime un sens différent du verbe de base

Focus Autour du verbe de base *take*

Complétez les phrases suivantes avec la particule qui convient.

A off B down C to D out E away F on G in H back I up J over

1. Bob will take __________ the company after the boss's retirement.
2. The plane is about to take __________.
3. I hope we will take __________ our passports on time.
4. The teacher took __________ the lesson where she had left it before the break.
5. He hardly ever takes __________ notes when he is at school.
6. I agree to take __________ the case.
7. A fraudster tried to take me __________.
8. I immediately took __________ John. We get on well.
9. You have a large choice of take __________ meals.
10. Jenny took her parents __________ for the day.

Focus Autour du verbe de base *turn*

Complétez les phrases suivantes avec la particule qui convient.

A *against* B *away* C *back* D *down* E *on* F *off* G *on* H *out* I *around* J *into*

1. Things began to turn __________ when the government announced new taxes.
2. We can cap our energy consumption by turning __________ the lights.
3. He turns __________ his computer when he arrives at the office.
4. His wife turned __________ him and accused him.
5. It turned __________ to be true.
6. The caterpillar turned __________ a beautiful butterfly.
7. The weather conditions were so bad that we had to turn __________.
8. Many countries turned __________ from Iraq.
9. The company turned __________ the offer.
10. Environmentalists turn __________ biofuel.

Focus Autour du verbe de base *look*

Corrigé page 173

Complétez les phrases suivantes avec la particule qui convient. (une particule est utilisée deux fois)

A *out* B *up* C *after* D *through* E *for* F *into* G *forward* H *down* I *back*

1. I am looking __________ my glasses. Have you seen them?
2. Always look __________ in a dictionary when you are not sure about the spelling of a word.
3. I got the job! I am looking __________ to meeting my new team.
4. I hired a nanny to look __________ my children.
5. Look __________! There is a cliff behind you.
6. He is such a boastful man ! He looks __________ on everybody.
7. Don't look __________ over the last years, move on!
8. The accountant looked __________ the financial report.
9. She was always looking __________ at her because she was her role model.
10. I look __________ the book to get the right information.

Module 25
BASICS

Focus Autour du verbe de base *think*

Complétez les phrases suivantes avec la particule qui convient.

Ⓐ *out* Ⓑ *back* Ⓒ *of* Ⓓ *through* Ⓔ *about* Ⓕ *over* Ⓖ *up* Ⓗ *ahead*

1. Bob has been thinking __________ about solutions.
2. We must think __________ the challenges ahead.
3. I am still uncertain. I need to think it __________.
4. Think __________ loud about what you read.
5. Again, think __________ possible risks and consequences.
6. Thinking __________, I don't know how I got the courage to do it.
7. Think __________ me while I am sitting the exam.
8. Just focus on today, and try not think too far __________.

Corrigé page 173

Focus Autour du verbe de base *get*

Complétez les phrases suivantes avec la particule qui convient.
(certaines particules sont utilisées plusieurs fois)

Ⓐ *through* Ⓑ *out* Ⓒ *off* Ⓓ *away* Ⓔ *on* Ⓕ *into* Ⓖ *back*

1. I must now get __________ with writing my report.
2. You really get __________ my nerves. Stop it!
3. Get __________ the bus , and don't forget to punch your ticket.
4. He took the train and got __________ at Grand Central.
5. Get __________ my back! I need air!
6. You won't be able to get __________ if there is an emergency.
7. Their survival and their ability to get __________ this is at stake.
8. You cannot get __________ these spaces without an accreditation badge.
9. We need to find a solution to get __________ of this gridlock.
10. We will get __________ to you as soon as possible.

Module 25
CORRIGÉ

Basics

PAGE 170

Les *phrasal verbs* ou verbes à particule

1 A, B et C 2 A, B et C

PAGE 170

Autour du verbe de base **take**

1 J 2 A 3 H 4 I 5 B 6 F 7 G 8 C 9 E 10 D

PAGE 171

Autour du verbe de base **turn**

1 I 2 F 3 G 4 E 5 H 6 J 7 C 8 B 9 D 10 A

PAGE 171

Autour du verbe de base **look**

1 E 2 B 3 G 4 C 5 A 6 H 7 I 8 F 9 B 10 D

PAGE 172

Autour du verbe de base **think**

1 G 2 E 3 F 4 A 5 D 6 B 7 C 8 H

PAGE 172

Autour du verbe de base **get**

1 E 2 E 3 E 4 C 5 C 6 D 7 A 8 F 9 B 10 G

VOTRE SCORE :

Vous avez obtenu entre 0 et 15 ? Reprenez chaque question en regardant les endroits où vous avez fait des erreurs.

Vous avez obtenu entre 16 et 31 ? C'est très moyen, mais ne vous découragez pas.

Vous avez obtenu entre 32 et 47 ? Formidable ! Analysez les erreurs et, si besoin, révisez la ou les notions que vous ne maîtrisez pas complètement.

Vous avez obtenu 48 et plus ? You're really very good!

Module 26
BASICS

Focus Le subjonctif

Complétez les phrases suivantes ou répondez aux questions posées.

1. En anglais, le subjonctif __________. (plusieurs possibilités)

A n'existe pas

B est peu usité

C ressemble au présent simple

2. En anglais, un verbe au subjonctif __________. (plusieurs possibilités)

A se construit à l'infinitif sans **to**

B se construit avec la base verbale

C ne prend pas de « s » à la 3e personne du singulier au présent

3. En anglais, le subjonctif des verbes n'a qu'une seule forme à toutes les personnes.

A Vrai B Faux

4. I **be**, **you be**, **she be...** est la conjugaison du verbe **be** au subjonctif présent.

A Vrai B Faux

5. **I have**, **you have**, **she have...** est la conjugaison du verbe **have** au subjonctif présent.

A Vrai B Faux

6. **I play**, **you play**, **she plays...** est la conjugaison du verbe **play** au subjonctif présent.

A Vrai B Faux

7. Le subjonctif s'emploie après des verbes ou expressions exprimant __________. (plusieurs possibilités)

A un ordre

B une suggestion

C une nécessité

D une urgence

Corrigé page 178

8. Le subjonctif français ne se traduit pas nécessairement par un subjonctif en anglais.

A Vrai B Faux

9. Le subjonctif français peut se traduire en anglais par __________. (plusieurs possibilités)

A un infinitif

B un verbe à l'indicatif

C un gérondif

Corrigé page 178

10. Le subjonctif passé du verbe **be** est **were** à toutes les personnes.

A Vrai B Faux

11. Le subjonctif s'emploie fréquemment avec **were** employé après **if** et **I wish**.

A Vrai B Faux

Complétez les phrases suivantes.

1. I wish he __________ here.

A was B be C were

2. If it __________ so cold I would go for a walk.

A wasn't B weren't C not be

3. It's important she __________ what is at stake.

A realize B realizes C realized

4. It is essential that we __________ to renewable energies.

A switch B should switch C switched

5. It is vital that John __________ his medication.

A took B takes C take

6. If I __________ you I wouldn't do that.

A was B were C am

7. The judge requested that the trial __________.

Ⓐ be recorded Ⓑ were recorded Ⓒ was recorded

8. Jenny's parents demand she __________ home before midnight.

Ⓐ get Ⓑ gets Ⓒ got

9. John recommends that Helen __________ to attend the conference.

Ⓐ be allowed Ⓑ was allowed Ⓒ should be allowed

10. The chairman asks that the accountant __________ at once.

Ⓐ comes Ⓑ came Ⓒ come

11. The counselor advises that the company __________ legal action.

Ⓐ took Ⓑ take Ⓒ takes

12. It is necessary that you __________ on time for work.

Ⓐ are Ⓑ were Ⓒ be

Parmi les propositions données, identifiez la seule traduction correcte. (l'anglais n'utilise pas systématiquement le subjonctif !)

Corrigé page 178

1. Le cas échéant nous aurions recours à un avocat.

Ⓐ We may use the services of a lawyer if needs be.

Ⓑ We may use the services of a lawyer if need be.

Ⓒ We may use the services of a lawyer if needed be.

2. Quoi qu'il advienne, je n'abandonnerai pas.

Ⓐ Come what may, I won't give up.

Ⓑ Comes what may, I won't give up.

Ⓒ To come what may, I won't give up.

3. Loin de moi l'idée de démissionner.

Ⓐ Far it is from me to resign.

Ⓑ Far to be from me to resign.

Ⓒ Far be it from me to resign.

4. S'il était plus compétent, il garderait son emploi.

Corrigé page 178

- **A** If he was more proficient, he would keep his job.
- **B** If he were more proficient, he would keep his job.
- **C** If he is more proficient, he would keep his job.

5. Nous voulons qu'elle fasse des efforts.

- **A** We want her to make efforts.
- **B** We want her make efforts.
- **C** We want she makes efforts.

6. Imagine qu'elle soit absente...

- **A** Suppose she is absent...
- **B** Suppose she be absent...
- **C** Suppose she were absent...

7. Comme j'aimerais qu'il ait son examen.

- **A** If only he could pass his exam.
- **B** If only he can pass his exam.
- **C** If only he passes his exam.

Astuce Le mode subjonctif est peu utilisé en anglais. On l'utilise surtout avec **if** et **I wish**.
Retenez qu'un verbe au subjonctif ne se conjugue pas et qu'il reste à l'infinitif sans **to**.
Retenez que le subjonctif passé du verbe **be** est **were** à toutes les personnes.
Un subjonctif français peut se traduire de multiples façons en anglais : par un infinitif, un gérondif ou un indicatif.

Module 26
CORRIGÉ

Basics

PAGES 174 - 177

Le subjonctif

1 Ⓑ et Ⓒ | 2 Ⓐ, Ⓑ et Ⓒ | 3 Ⓐ | 4 Ⓐ | 5 Ⓐ | 6 Ⓑ (she play) | 7 Ⓐ, Ⓑ, Ⓒ et Ⓓ | 8 Ⓐ | 9 Ⓐ, Ⓑ et Ⓒ | 10 Ⓐ | 11 Ⓐ

1 Ⓒ | 2 Ⓑ | 3 Ⓐ | 4 Ⓐ | 5 Ⓒ | 6 Ⓑ | 7 Ⓐ | 8 Ⓐ | 9 Ⓐ | 10 Ⓒ | 11 Ⓑ | 12 Ⓒ

1 Ⓑ | 2 Ⓐ | 3 Ⓒ | 4 Ⓑ | 5 Ⓐ | 6 Ⓒ | 7 Ⓐ

VOTRE SCORE :

Vous avez obtenu entre 0 et 7 ? Reprenez chaque question en regardant les endroits où vous avez fait des erreurs.

Vous avez obtenu entre 8 et 17 ? C'est très moyen, mais ne vous découragez pas.

Vous avez obtenu entre 18 et 27 ? Formidable ! Analysez les erreurs et, si besoin, révisez la ou les notions que vous ne maîtrisez pas complètement.

Vous avez obtenu 28 et plus ? You're really very good!

Focus Les verbes irréguliers commençant par A

Corrigé page 194

Trouvez la forme manquante.

1. abide / abode / ______ / endurer
   - A abiden
   - B abode
2. arise / ______ / arisen / survenir
   - A arise
   - B arose
3. awake / ______ / awoken / être réveillé
   - A awaked
   - B awoke

Focus Les verbes irréguliers commençant par B

Trouvez la forme manquante. (les deux réponses sont parfois possibles)

1. be / ______ / been / être
   - A was
   - B were
2. bear / bore / ______ / supporter
   - A borne
   - B born
3. beat / beat / ______ / battre
   - A beat
   - B beaten
4. become / ______ / become / devenir
   - A became
   - B become
5. ______ / befell / befallen / advenir
   - A befell
   - B befall
6. beget / begot / ______ / engendrer
   - A begot
   - B begotten
7. begin / began / ______ / commencer
   - A begun
   - B began

Corrigé page 194

8. ______ / bent / bent / courber

Ⓐ bent Ⓑ bend

9. bet / bet / ______ / parier

Ⓐ bet Ⓑ betted

10. bid / ______ / bidden / ordonner/commander

Ⓐ bid Ⓑ bade

11. ______ / bound / bound / (re)lier

Ⓐ bind Ⓑ bond

12. ______ / bit / bitten / mordre

Ⓐ bit Ⓑ bite

13. ______ / bled / bled / saigner

Ⓐ bled Ⓑ bleed

14. blow / ______ / blown / souffler

Ⓐ blue Ⓑ blew

15. break / ______ / broken / casser

Ⓐ brock Ⓑ broke

16. ______ / bred / bred / élever

Ⓐ breed Ⓑ bread

17. bring / brought / ______ / apporter

Ⓐ braught Ⓑ brought

18. broadcast / broadcast / ______ / diffuser

Ⓐ broadcasted Ⓑ broadcast

19. ______ / built / built / construire

Ⓐ built Ⓑ build

20. burn / burned / ______ / brûler

Ⓐ burnt Ⓑ burned

21. burst / ______ / burst / éclater

   (A) burst (B) bursted

Corrigé page 194

22. buy / bought / ______ / acheter

   (A) boughten (B) bought

Focus Les verbes irréguliers commençant par C

Trouvez la forme manquante. (les deux réponses sont parfois possibles)

1. catch /______ / caught / attraper

   (A) cought (B) caught

2. chide / chid / ______ / réprimander

   (A) chid (B) chidden

3. choose / chose / ______ / choisir

   (A) chosen (B) choosen

4. cling / ______ / clung / se cramponner

   (A) clang (B) clung

5. clad / clad / ______ / se vêtir

   (A) clad (B) cladded

6. come / ______ / come / venir

   (A) came (B) come

7. cost / cost /______ / coûter

   (A) costen (B) cost

8. creep / crept /______ / ramper

   (A) crept (B) creepen

9. cut / cut /______ / couper

   (A) cutted (B) cut

Module 27
BASICS

Focus Les verbes irréguliers commençant par D et E

Trouvez la forme manquante. (les deux réponses sont parfois possibles)

1. dare / dared /______ / oser
   - A durst
   - B dared
2. deal / dealt / ______ / faire commerce
   - A delt
   - B dealt
3. dig / ______ / dug / creuser
   - A dag
   - B dug
4. do / did / ______ / faire
   - A done
   - B dawn
5. draw / drew / ______ / dessiner/tirer
   - A drown
   - B drawn
6. dream / ______ / dreamt / rêver
   - A dreamt
   - B dreamed
7. drive / drove /______ / conduire
   - A droven
   - B driven
8. dwell /______ / dwelt / demeurer
   - A dwelt
   - B dwelled
9. eat / ate / ______ / manger
   - A aten
   - B eaten

Focus Les verbes irréguliers commençant par F

Corrigé page 194

Trouvez la forme manquante.

1. ______ / fell / fallen / tomber
   - A feel
   - B fall

2. feed / ______ / fed / nourrir

Ⓐ fed Ⓑ feeded

Corrigé page 194

3. feel / ______ / felt / (res)sentir

Ⓐ feeled Ⓑ felt

4. fight / fought / ______ / combattre

Ⓐ faught Ⓑ fought

5. ______ / found / found / trouver

Ⓐ found Ⓑ find

6. ______ / fled / fled / s'échapper

Ⓐ flee Ⓑ fled

7. fling / ______ / flung / jeter

Ⓐ flang Ⓑ flung

8. fly / flew / ______ / voler (avion)

Ⓐ flawn Ⓑ flown

9. ______ / forbore / forborne / s'abstenir

Ⓐ forebore Ⓑ forbear

10. forbid / forbade /______ / interdire

Ⓐ forbiden Ⓑ forbidden

11. forgive / ______ / forgiven / pardonner

Ⓐ forgived Ⓑ forgave

12. Forsake / ______ / forsaken / abandonner

Ⓐ forsaked Ⓑ forsook

13. freeze / ______ / frozen / geler

Ⓐ froze Ⓑ freeze

Module 27
BASICS

Focus Les verbes irréguliers commençant par G

Trouvez la forme manquante. (les deux réponses sont parfois possibles)

Corrigé page 194

1. get / got / ______ / obtenir

   A got — B gotten

2. gild /______ / gilt / dorer

   A gilt — B gilded

3. give / gave / ______ / donner

   A gaven — B given

4. go / ______ / gone / aller

   A went — B want

5. grind / ______ / ground / moudre

   A grinded — B ground

Focus Les verbes irréguliers commençant par H

Trouvez la forme manquante. (les deux réponses sont parfois possibles)

1. hang / hang / ______ / (sus)pendre

   A hung — B hanged

2. have / had / ______ / avoir

   A had — B haded

3. hear / heard /______ / entendre

   A hearen — B heard

4. ______ / hid / hidden / se cacher

   A hid — B hide

5. hit / hit / ______ / heurter

   A hit — B hitten

6. ______ / held / held / tenir

Ⓐ hold Ⓑ held

7. hurt / hurt / ______ / faire mal

Ⓐ hurted Ⓑ hurt

Focus Les verbes irréguliers commençant par K

Corrigé page 194

Trouvez la forme manquante.

1. keep / ______ / kept / garder

Ⓐ keeped Ⓑ kept

2. kneel / knelt / ______ / s'agenouiller

Ⓐ kneeled Ⓑ knelt

3. know / ______ / known / savoir

Ⓐ knew Ⓑ knowed

Focus Les verbes irréguliers commençant par L

Trouvez la forme manquante. (les deux réponses sont parfois possibles)

1. ______ / laid / laid / poser à plat/pondre

Ⓐ lie Ⓑ lay

2. lead / ______ / led / mener

Ⓐ lead Ⓑ led

3. lean / leant / ______ / se pencher

Ⓐ leant Ⓑ leaned

4. leap / ______ / leapt / sauter

Ⓐ leapt Ⓑ leaped

5. learn / learnt / ______ / apprendre

Ⓐ learned Ⓑ learnt

6. ______ / left / left / quitter/partir

Ⓐ live Ⓑ leave

7. lend / ______ / lent / prêter

Ⓐ lent Ⓑ lended

8. let / let / ______ / laisser

Ⓐ let Ⓑ letted

9. lie / ______ / lain / être étendu

Ⓐ lied Ⓑ lay

10. light / lit / ______ / allumer

Ⓐ lighted Ⓑ lit

11. ______ / lost / lost / perdre

Ⓐ loose Ⓑ lose

Focus Les verbes irréguliers commençant par M et P

Trouvez la forme manquante. (les deux réponses sont parfois possibles)

Corrigé page 194

1. make / ______ / made / faire/fabriquer

Ⓐ maked Ⓑ made

2. mean / ______ / meant / vouloir dire/signifier

Ⓐ mint Ⓑ meant

3. meet / met / ______ / rencontrer

Ⓐ metten Ⓑ met

4. mow / mowed / ______ / tondre (la pelouse)

Ⓐ mowed Ⓑ mown

5. pay / ______ / paid / payer

Ⓐ payed Ⓑ paid

Focus Les verbes irréguliers commençant par R

Corrigé page 195

Trouvez la forme manquante.

1. read / ______ / read / lire

   (A) red (B) read

2. rid / rid / ______ / débarrasser

   (A) ridden (B) rid

3. ride / ______ / ridden / chevaucher

   (A) rid (B) rode

4. ring / ______ / rung / sonner

   (A) rung (B) rang

5. rise / ______ / risen / s'élever/monter

   (A) rised (B) rose

Focus Les verbes irréguliers commençant par S (1re partie)

Trouvez la forme manquante. (les deux réponses sont parfois possibles)

1. ______ / sawed / sawed / scier

   (A) see (B) saw

2. say / ______ / said / dire

   (A) sayed (B) said

3. see / saw / ______ / voir

   (A) seen (B) sawed

4. seek / sought /______ / (re)chercher

   (A) sought (B) saught

5. sell / ______ / sold / vendre

   (A) selled (B) sold

Corrigé page 195

6. send / _____ / sent / envoyer

Ⓐ sent Ⓑ sended

7. set / set / _____ / fixer/mettre

Ⓐ setted Ⓑ set

8. sew / sewed / _____ / coudre

Ⓐ sewed Ⓑ sewn

9. shake / _____ / shaken / secouer

Ⓐ shook Ⓑ shaked

10. _____ / shed / shed / verser

Ⓐ sheer Ⓑ shed

11. shine / shone / _____ / briller

Ⓐ shone Ⓑ shown

12. _____ / shot / shot / tourner (un film)/tirer (au fusil)

Ⓐ shout Ⓑ shoot

13. show / showed /_____ / montrer

Ⓐ showed Ⓑ shown

14. shrink / shrank / _____ / rétrécir

Ⓐ shrank Ⓑ shrunk

15. shut / _____ / shut / fermer

Ⓐ shut Ⓑ shutted

16. sing / _____ / sung / chanter

Ⓐ sung Ⓑ sang

Focus Les verbes irréguliers commençant par S (2e partie)

Trouvez la forme manquante. (les deux réponses sont parfois possibles)

Corrigé page 195

1. sink / ______ / sunk / couler
   - A sank
   - B sunk

2. ______ / sat / sat / s'asseoir
   - A seat
   - B sit

3. ______ / slept / slept / dormir
   - A slip
   - B sleep

4. ______ / slid / slid / glisser
   - A slid
   - B slide

5. sling / ______ / slung / lancer
   - A slang
   - B slung

6. ______ / slit / slit / inciser/fendre
   - A slite
   - B slit

7. smell / smelt / ______ / sentir
   - A smelled
   - B smelt

8. sow / sowed / ______ / semer
   - A sowed
   - B sown

9. speak / ______ / spoken / parler
   - A spoke
   - B spoked

10. speed / speeded / ______ / accélérer
    - A speeded
    - B sped

11. spell / ______ / spelt / épeler
    - A spelled
    - B splelt

12. spend / ______ / spent / passer (son temps)/dépenser (son argent)
    - A spended
    - B spent

13. spill / spilled / ______ / renverser (un liquide)

(A) spilled (B) spilt

Corrigé page 195

14. spin / ______ / spun / tournoyer

(A) span (B) spun

15. ______ / spat / spat / cracher

(A) spat (B) spit

Focus Les verbes irréguliers commençant par S (3e partie)

Trouvez la forme manquante. (les deux réponses sont parfois possibles)

1. splilt / ______ / split / fendre en deux

(A) splited (B) split

2. spread / ______ / spread / se répandre

(A) spread (B) spreaded

3. spring / sprang / ______ / bondir

(A) sprang (B) sprung

4. ______ / stood / stood / se tenir debout

(A) stand (B) stood

5. ______ / stuck / stuck / coller

(A) stuck (B) stick

6. sting / ______ / stung / piquer

(A) stang (B) stung

7. stink / ______ / stunk / puer

(A) stank (B) stunk

8. ______ / strode / stridden / marcher (à grandes enjambées)

(A) stride (B) strid

9. strike / ______ / struck / frapper / heurter

Ⓐ strack Ⓑ struck

10. ______ / strung / strung / ficeler

Ⓐ string Ⓑ strung

11. strive / ______ / striven / s'efforcer

Ⓐ strove Ⓑ strived

12. swear / ______ / sworn / jurer

Ⓐ sweared Ⓑ swore

13. sweep / ______ / swept / balayer

Ⓐ sweeped Ⓑ swept

14. swell / ______ / swollen / enfler

Ⓐ swelled Ⓑ swole

15. swim / swam / ______ / nager

Ⓐ swamn Ⓑ swum

Corrigé page 195

16. swing / ______ / swung / balancer

Ⓐ swang Ⓑ swung

Focus Les verbes irréguliers commençant par T et U

Trouvez la forme manquante. (les deux réponses sont parfois possibles)

1. take / took / ______ / prendre

Ⓐ token Ⓑ taken

2. teach / taught / ______ / enseigner

Ⓐ taught Ⓑ tought

3. tear / ______ / torn / déchirer

(A) tore (B) teared

Corrigé page 195

4. ______ / told / told / raconter

(A) tale (B) tell

5. ______ / thought / tought / penser

(A) thank (B) think

6. thrive / ______ / thriven / être florissant

(A) throve (B) thrived

7. throw / ______ / thrown / jeter

(A) throwed (B) threw

8. tread / trod / ______ / parcourir

(A) treaded (B) trodden

9. understand / understood / ______ / comprendre

(A) understood (B) understanded

10. undertake / ______ / undertaken / entreprendre

(A) undertaked (B) undertook

Focus Les verbes irréguliers commençant par W

Trouvez la forme manquante. (les deux réponses sont parfois possibles)

1. wake / ______ / woken / éveiller

(A) woked (B) waked

2. wear / ______ / worn / porter (un vêtement)

(A) wor (B) wore

3. weave / ______ / woven / tisser

(A) weaved (B) wove

Corrigé page 195

4. weep / ______ / wept / pleurer

   A wept — B weeped

5. win / won / ______ / gagner (une course)

   A wun — B won

6. wind/ ______ / wound / enrouler/embobiner

   A wounded — B wound

7. wring / ______ / wrung / tordre/serrer

   A wrang — B wrung

8. write / wrote /______ / écrire

   A written — B wrotten

Module 27
CORRIGÉ

Basics

PAGE 179
Les verbes irréguliers commençant par A
1 B 2 B 3 B

PAGES 179 - 181
Les verbes irréguliers commençant par B
1 A et B 2 A et B 3 B 4 A 5 B 6 B 7 A 8 B 9 A et B 10 B 11 A
12 B 13 A 14 B 15 B 16 A 17 B 18 B 19 B 20 A et B 21 A 22 B

PAGE 181
Les verbes irréguliers commençant par C
1 B 2 B 3 A 4 B 5 A et B 6 A 7 B 8 A 9 B

PAGE 182
Les verbes irréguliers commençant par D et E
1 A et B 2 B 3 B 4 A 5 B 6 A et B 7 B 8 A et B 9 B

PAGES 182 - 183
Les verbes irréguliers commençant par F
1 B 2 A 3 B 4 B 5 B 6 A 7 B 8 B 9 B 10 B 11 B 12 B 13 A

PAGE 184
Les verbes irréguliers commençant par G
1 A et B 2 A et B 3 B 4 A 5 B

PAGES 184 - 185
Les verbes irréguliers commençant par H
1 A et B 2 A 3 B 4 B 5 A 6 A 7 B

PAGE 185
Les verbes irréguliers commençant par K
1 B 2 B 3 A

PAGES 185 - 186
Les verbes irréguliers commençant par L
1 B 2 B 3 A et B 4 A et B 5 A et B 6 B 7 A 8 A 9 B 10 A et B 11 B

PAGE 186
Les verbes irréguliers commençant par M et P
1 B 2 B 3 B 4 A et B 5 B

PAGE 187

Les verbes irréguliers commençant par R

1 Ⓑ | 2 Ⓑ | 3 Ⓑ | 4 Ⓑ | 5 Ⓑ

PAGES 187 - 191

Les verbes irréguliers commençant par S

1re partie : 1 Ⓐ 2 Ⓐ 3 Ⓐ 4 Ⓐ 5 Ⓑ 6 Ⓐ 7 Ⓑ 8 Ⓐ et Ⓑ 9 Ⓐ 10 Ⓑ 11 Ⓐ 12 Ⓑ 13 Ⓐ et Ⓑ 14 Ⓑ 15 Ⓐ 16 Ⓑ

2e partie : 1 Ⓐ 2 Ⓑ 3 Ⓑ 4 Ⓑ 5 Ⓑ 6 Ⓑ 7 Ⓐ et Ⓑ 8 Ⓐ et Ⓑ 9 Ⓐ 10 Ⓐ et Ⓑ 11 Ⓑ 12 Ⓑ 13 Ⓐ et Ⓑ 14 Ⓑ 15 Ⓑ

3e partie : 1 Ⓑ 2 Ⓐ 3 Ⓑ 4 Ⓐ 5 Ⓑ 6 Ⓐ 7 Ⓐ 8 Ⓐ 9 Ⓑ 10 Ⓐ 11 Ⓐ 12 Ⓑ 13 Ⓑ 14 Ⓐ 15 Ⓑ 16 Ⓑ

PAGES 191 - 192

Les verbes irréguliers commençant par T et U

1 Ⓑ 2 Ⓐ 3 Ⓐ 4 Ⓑ 5 Ⓑ 6 Ⓐ et Ⓑ 7 Ⓑ 8 Ⓐ et Ⓑ 9 Ⓐ 10 Ⓑ

PAGES 192 - 193

Les verbes irréguliers commençant par W

1 Ⓐ et Ⓑ 2 Ⓑ 3 Ⓑ 4 Ⓐ 5 Ⓑ 6 Ⓑ 7 Ⓑ 8 Ⓐ

VOTRE SCORE :

Vous avez obtenu entre 0 et 51 ? Reprenez chaque question en regardant les endroits où vous avez fait des erreurs.

Vous avez obtenu entre 52 et 103 ? C'est très moyen, mais ne vous découragez pas.

Vous avez obtenu entre 104 et 154 ? Formidable ! Analysez les erreurs et, si besoin, révisez la ou les notions que vous ne maîtrisez pas complètement.

Vous avez obtenu 155 et plus ? You're really very good!

Module 28
GRAND MIX

Focus La voie passive

Corrigé page 244

Transposez les phrases suivantes à la voie passive.

1. They should call 911 immediately.
   - A 911 should be called by them immediately.
   - B 911 should call them immediately.
   - C 911 should be called immediately.

2. Someone gave her some advice.
   - A She was given some advice.
   - B Some advice were given to her.
   - C She gave someone some advice.

3. They should have sold that car before.
   - A That car should be sold before.
   - B That car should have been sold by them before.
   - C That car should have been sold.

Focus L'expression du souhait et du regret

Parmi les propositions données, identifiez celle qui est correcte.

1. It's a pity I didn't see her.
   - A I wish I could see her.
   - B I wish I had seen her.
   - C I wish I would see her.

2. We've got to make a decision now.
   - A It's time to make a decision.
   - B I's time we made a decision.
   - C It's time a decision is made.

3. It's not necessary to do that.

   A You needn't do that.

   B You don't need to do that.

   C You mustn't do that.

4. They certainly saw something.

   A They must see something.

   B They could have seen something.

   C They must have seen something.

Corrigé page 244

5. The president is expected to make a speech tonight.

   A Everybody expected the president to make a speech tonight.

   B The speech by the president is expected tonight.

   C Everybody expects the president to make a speech tonight.

6. I would prefer you to do it now.

   A I'd rather you do it now.

   B I'd rather you did it now.

   C I'd rather you to do it now.

Focus La concordance des temps

Complétez les phrases suivantes.

1. She is used to __________ early.

   A get up B getting up C got up

2. Nobody __________ to see us ever since we __________ into this house.

   A came / moved B came / has moved C has come / moved

3. If I __________ you, I __________ him what to do.

   A was / told B were / would tell C was / would tell

Module 28
GRAND MIX

Corrigé page 244

4. How about __________ to the movie tonight?

   A go　B to go　C going

5. I heard someone __________ the door.

   A slam　B slamming　C slammed

6. They __________ for a long time when at last they saw a sign post.

   A were walking　B walked　C had been walking

7. He __________ junk food but now he is on a healthier diet.

   A used to eating　B used to eat　C is used to eating

8. I suggested __________ there till the storm had passed.

   A to stay　B staying　C stay

9. What __________ you __________ when the bomb exploded.

   A did / do　B are / doing　C were / doing

10. She has decided to let her hair __________.

   A grow　B to grow　C growing

11. When I arrived he __________ his work.

   A already finished　B had already finished　C had finished already

12. You __________ take your umbrella, it __________ rain.

   A should / might　B have / could　C would / may

13. This is the most extraordinary news he __________ ever __________.

   A had / heard　B will / hear　C has / heard

14. He will start a business as soon as he __________ new partners.

   A will find　B finds　C has found

15. If I had been in your place I __________ the same thing.

   A didn't do　B will not do　C wouldn't have done

16. He __________ his wife a long time ago.

   A has met   B met   C meets

17. He __________ his project by the end of next year.

   A will achieve   B is achieving   C will have achieved

18. __________ you __________ the latest Almodovar yet?

   A Did /see   B Have / seen   C Will / see

19. Yes , I __________ it yesterday.

   A have seen   B will see   C saw

20. Jenny will call you whe she __________.

   A arrives   B will arrive   C is arriving

21. If I'd known it was going to rain, I __________ my umbrella.

   A would take   B took   C would have taken

22. He __________ have done such a thing: it doesn't look like him.

   A can't   B mustn't   C may not

23. You __________ go the extra mile if you want to succeed. (plusieurs possibilités)

   A ought to   B can   C should

24. You __________ hurry, we'll miss the train.

   A mustn't   B need't   C had better

Module 28
GRAND MIX

Focus Le discours indirect

Corrigé page 244

Transposez les phrases suivantes au discours indirect.

1. He told them: “I’ll do my best to help you.”

   (A) He told them he will do his best.

   (B) He told them he did his best to help them.

   (C) He told them he would do his best to help them.

2. She asked him: “Have you ever heard such a nonsense?”

   (A) She asked him if he ever heard such a nonsense.

   (B) She asked him if he ever had heard such a nonsense.

   (C) She asked him if he has ever heard such a nonsense.

3. She warned him: “Don’t answer back.”

   (A) She warned him he didn’t answer back.

   (B) She warned him not to answer back.

   (C) She warned him to not to answer back.

4. He instructed them: “Do it.”

   (A) He instructed them to do it.

   (B) He instructed them do it.

   (C) He instructed them doing it.

5. She wondered: “What will he say when he learns the truth?”

   (A) She wondered what he will say when he learnt the truth.

   (B) She wondered what he says when he learns the truth.

   (C) She wondered what he would say when he learnt the truth.

6. He asked her: “Would you agree to lend me money please?”

   (A) He asked her if she would agree to lend him money.

   (B) He asked her if she would have agreed to lend him money.

   (C) He asked her if she agreed to lend him money.

7. She wondered: "If I ask you something seriously, will you answer me?"

   - **A** She wondered if he will answer her if she asked him something seriously.
   - **B** She wondered if he would answer her if she would ask him something seriously.
   - **C** She wondered if he would answer her if she asked him something seriously.

8. The teacher told the students: "You must practice the language every day."

   - **A** The teacher told the students that they will have to practice the language every day.
   - **B** The teacher told the students they had to practice the language every day.
   - **C** The teacher told the students to practice the language every day.

Focus Quelques tournures de phrases utiles

Parmi les propositions données, identifiez la ou les traduction(s) correcte(s).

Corrigé page 244

1. Êtes-vous déjà allé aux États-Unis ?

   - **A** Did you go already to the USA?
   - **B** Have you ever been to the USA?
   - **C** Have you already been to the USA?

2. Voyager ouvre l'esprit.

   - **A** To travel broadens your horizons.
   - **B** Travel broadens your horizons.
   - **C** Travelling broadens your horizons.

3. Elle m'a fait rire.

   - **A** She makes me laugh.
   - **B** She made me laugh.
   - **C** She made me laughing.

4. Le docteur recommande qu'elle arrête son traitement.
   - A The doctor recommends she stop her treatment.
   - B The doctor recommends she stops her treatment.
   - C The doctor recommends she stopped her treatment.

5. C'est la première fois qu'elle mange des escargots.
   - A It is the first time she is eating snails.
   - B It is the first time she has eaten snails.
   - C It is the first she had eaten snails.

6. Je regrette de ne pas y être allé ! (plusieurs possibiltés)
   - A I wish I had gone there.
   - B If only I had gone there.
   - C I am sorry that I couldn't go there.

Corrigé page 244

7. Mais si, croyez-moi ! Je l'ai vue !
   - A But yes, believe me I saw her.
   - B Believe me, I did see her.
   - C That's true, I saw her.

8. Est-ce que tu sais plonger ? (plusieurs possibilités)
   - A Do you know how to dive?
   - B Are you able to dive?
   - C Can you dive?

9. Nous n'avions jamais vu ça auparavant.
   - A We hadn't seen that before.
   - B We didn't see that before.
   - C We haven't seen that before.

10. Depuis combien de temps attends-tu ?

   - (A) How long are you waiting?
   - (B) How long have you waited?
   - (C) How long have you been waiting?

Focus Les *question tags*

Complétez les phrases suivantes avec la question tag *qui convient.*

1. You have never tried that, __________?

   (A) did you (B) have you (C) haven't you

2. Let's go and see them, __________?

   (A) will we (B) aren't we (C) shall we

3. Everybody agreed with him, __________?

   (A) didn't they (B) didn't she (C) didn't he

4. You'll always love me, __________?

   (A) will you (B) won't you (C) aren't you

5. She can't walk, __________?

   (A) can she (B) cannot she (C) can't she

Focus Autour des expressions du temps

Complétez les phrases suivantes.

1. **Ago** dans une phrase implique forcément un verbe conjugué __________.

   - (A) au présent simple
   - (B) au prétérit en **be** + **-ing**
   - (C) au prétérit

Corrigé page 244

2. Après l'expression **It is time**, on conjugue le verbe ________.

A au présent simple

B au *present perfect*

C au prétérit

3. Après l'expression **It is the first time**, on conjugue le verbe ________.

A au présent simple

B au *present perfect*

C au prétérit

4. Après l'expression **It was time**, on conjugue le verbe ________.

A au prétérit

B au *present perfect*

C au *pluperfect*

5. Avec **since** ou **for** dans une phrase, on conjugue le verbe ________.

A au présent simple

B au prétérit

C au *present perfect*

Focus Quelques expressions courantes

Parmi les propositions données, identifiez la seule traduction correcte.

1. Vouloir que quelqu'un fasse quelque chose.

A To want somebody do something.

B To want somebody to do something.

C To want somebody doing something.

Corrigé page 244

Corrigé page 244

2. Laisser quelqu'un faire quelque chose.
   - A To let somebody to do something.
   - B To let somebody do something.
   - C To let somebody doing something.

3. Avoir hâte de faire quelque chose.
   - A To look forward to do something.
   - B To look forward to doing something.
   - C To look forward do something.

4. Obtenir de quelqu'un qu'il fasse quelque chose.
   - A To have someone to do something.
   - B To have someone do something.
   - C To have someone done something.

5. Se faire faire quelque chose
   - A To have something done.
   - B To have something do.
   - C To have something to do.

6. Faire faire quelque chose à quelqu'un.
   - A To make somebody to do something.
   - B To make somebody do something.
   - C To make somebody doing something.

7. S'attendre à ce quelqu'un fasse quelque chose.
   - A To expect somebody to do something.
   - B To expect somebody do something.
   - C To expect somebody doing something.

Module 28
GRAND MIX

Focus Les verbes irréguliers

Parmi les propositions données, trouvez la traduction suivie des formes conjuguées correctes de chaque verbe.

Corrigé page 244

1. saigner
   - A blood / bleed / bled
   - B bleed / bleeded / bleeded
   - C bleed / bled / bled

2. (re)chercher
   - A seek / saught / saught
   - B seek / sought / sought
   - C seek / sought / saught

3. vendre
   - A sale / sold / sold
   - B sell / sold / sold
   - C sold / sold / sold

4. rétrécir
   - A shrink / shrank / shrunk
   - B shrink / shrunk / shrunk
   - C shrink / shrinked / shrunk

5. s'allonger
   - A lay / lain / lain
   - B lay / lied / lain
   - C lie / lay / lain

Focus Le discours direct

Transposez les phrases suivantes au discours direct.

1. She asked him if he had cleaned his room. (plusieurs possibilités)

   A "Have you cleaned your room?"

   B "Did you clean your room?"

   C "Do you clean your room?"

2. He told her to shut the door.

   A "Shut the door!"

   B "Can you shut the door?"

   C "Could you shut the door?"

3. He said he would have come if he hadn't been ill.

   A "I will come if I am not ill."

   B "I would come if I wasn't ill."

   C "I would come if I weren't ill."

Corrigé page 244

Focus Les verbes à particule

Complétez les phrases suivantes avec la particule qui convient (si nécessaire).

1. She has just lost her purse she is looking __________ it everywhere.

   A after B at C for

2. Bob is her fiancé. She will soon marry __________ him.

   A Aucune particule B to C with

3. She turned __________ the position because it was not paid enough.

   A up B down C away

4. I will take __________ the position of sales manager.

   A over B on C away

5. Think it __________ and keep me in the loop.

   A about B out C over

Module 28
GRAND MIX

Focus Formes simples et composées des verbes

Complétez les phrases suivantes avec le ou les verbe(s) qui convien(nen)t.

Corrigé page 244

1. We __________ friends but that was a long time ago.
   - A have been
   - B were being
   - C had been

2. The last time I saw him he __________ for a major company.
   - A worked
   - B was working
   - C had been working

3. It __________ the case but it's no longer true now.
   - A is
   - B was
   - C used to be

4. I __________ 5 miles. I am exhausted.
   - A ran
   - B have run
   - C have been running

5. She first __________ a job and then she __________.
   - A had started / graduated
   - B started / graduated
   - C had started / had graduated

6. It is the second time I __________ this man today.
   - A have
   - B am meeting
   - C have met

Corrigé page 244

7. That's all very well but what __________ next?

   (A) will we do

   (B) are we going to do

   (C) are we doing

8. You __________ the room while I __________ the bed linen.

   (A) will hoover / am changing

   (B) are hoovering / will change

   (C) are hoovering / am changing

9. We __________ since we __________ college.

   (A) haven't seen / left

   (B) didn't see / left

   (C) haven't seen / have left

10. Over the past years, he __________ new medication but he is still in pain.

   (A) was given

   (B) has been given

   (C) has been being given

11. Because he is preparing an exam, Peter __________ a lot of coffee to stay awake.

   (A) is used to drink

   (B) used to drink

   (C) is used to drinking

12. Paul __________ for his loyalty. He got a discount price.

   (A) is awarded

   (B) awarded

   (C) awards

Module 28
GRAND MIX

Corrigé page 244

13. Look at this man, I am sure I __________.

(A) was followed

(B) am being followed

(C) have been followed

14. When it __________ to funding it is getting more complicated.

(A) came

(B) come

(C) comes

15. Who wants to do it? – I __________.

(A) want

(B) I am going to

(C) will

16. You can't disturb him now, he __________ a meeting.

(A) is holding

(B) hold

(C) will hold

17. Somebody __________ into my house, look at this mess.

(A) has been breaking

(B) broke

(C) has broken

18. __________ you were coming I would have cooked your favourite dish. (plusieurs possibilités)

(A) If I had known

(B) Had I known

(C) I knew

19. I __________ £1000 by the end of the year.

   A save

   B will save

   C will have saved

20. Paul __________ with the project.

   A isn't agree

   B don't agree

   C doesn't agree

Focus Du français vers l'anglais

Corrigé page 245

Parmi les propositions données, identifiez la ou les traduction(s) correcte(s).

1. Cela fait 5 ans que ma grand-mère ne conduit plus. (plusieurs possibilités)

   A My grandmother has not driven for 5 years now.

   B My grandmother doesn't drive now for 5 years.

   C It has been 5 years since my grandmother last drove a car.

2. Je préférerais que tu ne sortes pas ce soir. (plusieurs possibilités)

   A I would rather you don't go out tonight.

   B I would rather you didn't go out tonight.

   C I'd rather you didn't go out tonight.

3. Votre voiture est en train d'être révisée, elle sera prête dans quelques minutes.

   A Your car is serviced, it will be ready in a moment.

   B Your car has been serviced, it will be ready in a moment.

   C Your car is being serviced, it will be ready in a moment.

Corrigé page 245

4. On a offert un ordinateur à Émilie.
   - A A laptop was offered to Emily.
   - B A laptop was offered by us to Emily.
   - C Emily was offered a laptop.

5. Il est grand temps que tu passes ton permis.
   - A It's high time you took your driving licence.
   - B It's high you take your driving licence.
   - C It's high time you are taking your driving licence.

6. Ils étaient déjà partis quand je suis arrivée.
   - A They already went when I arrived.
   - B They had already gone when I arrived.
   - C They left when I arrived.

7. Arrête de te plaindre ! J'en ai assez !
   - A Stop your complaint! I am fed up!
   - B Stop to complain! I am fed up!
   - C Stop complaining! I am fed up!

8. Il n'osait pas les affronter. (plusieurs possibilités)
   - A He didn't dare challenge them.
   - B He didn't feel he could challenge them.
   - C He dared not challenge them.

9. Crois-le ou non mais j'ai dîné avec le Président.
   - A Whether you believe it or not but I had dinner with the president.
   - B Believe it or not but I had dinner with the president.
   - C Don't you believe it, but I had dinner with the president.

10. Allons au restaurant !

- **A** Let's go to the restaurant, shall we!
- **B** What about going to the restaurant?
- **C** Why not go to the restaurant?

11. On dit de lui que c'est un excellent chirurgien.

- **A** They say he is an excellent surgeon.
- **B** He is said he is an excellent surgeon.
- **C** He is said to be an excellent surgeon.

12. Il n'arrête pas de poser des questions.

- **A** He keeps asking questions.
- **B** He doesn't stop asking questions.
- **C** He carries on asking questions.

13. Il téléphonait au volant quand il eut un accident.

- **A** He used his mobile phone when he had an accident.
- **B** He was using his mobile phone when he had an accident.
- **C** He was using his mobile phone when he was having an accident.

Focus La place de l'adverbe

Corrigé page 245

Parmi les propositions données, trouvez la seule phrase où l'adverbe est bien placé.

1.

- **A** Often, Matilda goes to the cinema alone.
- **B** Matilda often goes to the cinema alone.
- **C** Matilda goes often to the cinema alone.

2.

Corrigé page 245

- **A** Children always love candies very much.
- **B** Children love always candies very much.
- **C** Children always very much love candies.

3.

- **A** He permanently lives in London.
- **B** He lives in London permanently.
- **C** He lives permanently in London.

4.

- **A** He still is in love with her.
- **B** He's still in love with her.
- **C** Still he's in love with her.

5.

- **A** He never swore he would see her again.
- **B** He swore never he would see her again.
- **C** He swore he would never see her again.

6.

- **A** They wake up usually at 6 am.
- **B** They wake up at 6 am usually.
- **C** They usually wake up at 6 am.

Focus Traduire le *on* français

Parmi les propositions données, identifiez la seule traduction correcte.

1. On parle anglais aux Philippines.

- **A** Filipinos speak English in the Philippines.
- **B** People from the Philippines speak English.
- **C** English is spoken in the Philippines.

2. On attribuera une bourse à John.

   - **A** They will award John a scholarship.
   - **B** John will be awarded a scholarship.
   - **C** A scholarship will be awarded to John.

3. On a donné de bons conseils aux élèves.

   - **A** The students have been given good advice.
   - **B** Good advice have been given to the students.
   - **C** They have given good advice to the students

Focus Les temps

Corrigé page 245

Trouvez la ou les bonne(s) réponse(s).

1. Paul has just gone.

   - **A** L'action est passée.
   - **B** L'action vient de se terminer.
   - **C** L'action est en cours d'achèvement.

2. You should see a doctor.

   - **A** On donne un conseil.
   - **B** On donne un ordre.
   - **C** On fait une suggestion.

3. He will have finished his presentation by the end of the week.

   - **A** C'est une action future.
   - **B** C'est une probabilité.
   - **C** C'est une action qui sera finie dans le futur juste avant un moment précis.

4. He never smokes.

   - **A** L'action est habituelle.
   - **B** L'action se déroule au moment où l'on parle.
   - **C** L'action vient de se terminer.

5. He saw her 5 days ago. (plusieurs possibilités)

   A L'action est passée.

   B L'action est datée.

   C L'action est révolue.

6. He will go to Spain as soon as he passes his high school diploma.
   "Passes" est au présent ___________. (plusieurs possibilités)

   A parce qu'il a une connotation future

   B parce que le verbe de la principale est au futur

   C parce qu'il faut respecter la concordance des temps

Focus Les modaux

Corrigé page 245

Complétez les phrases suivantes.

1. Le futur de **can** ___________.

   A est **will can**

   B n'existe pas

   C est **will be able to**

2. Le futur de **must** ___________.

   A est **will have to**

   B est **will must**

   C n'existe pas

3. Le passé de **can** est ___________.

   A **canned**

   B **cannot**

   C **could**

4. Le passé de **must** ___________.

   A est **had must**

   B est **had to**

   C n'existe pas

Complétez les phrases suivantes avec le verbe de modalité qui convient.

1. She got a bad mark she ________ the test again next year.

Corrigé page 245

A must

B will have to

C had to

2. He ________ buy a bigger house if he won the loto.

A should

B will

C would

3. There was nothing he ________ do.

A could

B can

C will do

4. He promised he ________ never do it again.

A will

B would

C wouldn't

Focus Les questions

Complétez les questions suivantes avec le début de phrase qui correspond aux question tags *posées.*

1. ________, shouldn't there?

A There should be another solution

B There shouldn't be another solution

C It should be another solution

2. __________, could you?

   (A) You couldn't do anything

   (B) You could do anything

   (C) You can't do anything

Corrigé page 245

3. __________, shall we?

   (A) We will go to Spain

   (B) Let's talk

   (C) We won't accept

Identifiez la question qui correspond aux réponses données.

1. He visits them twice a week.

   (A) When does he visit them?

   (B) Does he visit them often?

   (C) How often does he visit them?

2. Because she was not feeling well.

   (A) Why did she go home early?

   (B) Why was she going home early?

   (C) Why was she feeling well?

3. I would give it to a charity.

   (A) What will you do if you win a lot money?

   (B) What would you do if you won money?

   (C) What do you if you win money?

Focus Les verbes à particule

Complétez les phrases suivantes avec la particule qui convient.

1. Put __________ all your things and set the table.

   (A) on (B) off (C) away

2. He had to take__________ another job to make ends meet.

   (A) up (B) on (C) away

3. Don't hold __________ your tears.

   (A) up (B) down (C) back

Focus Le verbe *would*

Corrigé page 245

*Trouvez la valeur de **would** dans les phrases suivantes.*

1. He would never answer the phone and that was annoying.

   (A) Le conditionnel
   (B) Une habitude dans le passé
   (C) Une requête polie

2. I would help you if you were nicer to me...

   (A) Le conditionnel
   (B) Une habitude dans le passé
   (C) Une requête polie

3. Would you help me carry my shopping bag, please?

   (A) Le conditionnel
   (B) Une habitude dans le passé
   (C) Une requête polie

Module 28
GRAND MIX

Focus Les verbes irréguliers

Dans les listes de verbes suivantes, trouvez celui dont le prétérit et le participe passé ne se forment pas sur le même modèle que les autres.

1.
A sing B sink C hang

2.
A keep B speed C smell

3.
A speak B take C shake

4.
A seek B think C saw

Focus Les temps

Trouvez le ou les verbe(s) conjugué(s) qu'il faut utiliser pour traduire les phrases suivantes.

Corrigé page 245

1. Je la connais depuis 5 ans.
   A know
   B have known
   C knew

2. Il y a 6 mois qu'il a quitté son travail.
   A left
   B has left
   C leaves

3. J'irai le voir dès que je pourrai.
   A will go / will be able
   B will go / can
   C go / will be able

Corrigé page 245

4. Qu'est-ce que tu as pris au petit déjeuner ?

   - **A** had you got
   - **B** have you got
   - **C** did you have

5. Quand reviendront-ils ?

   - **A** will
   - **B** do
   - **C** are

6. C'est la première fois qu'il fait ça.

   - **A** does
   - **B** has done
   - **C** did

7. Elle écoute la même chanson depuis 1 heure.

   - **A** is listening
   - **B** has listened
   - **C** has been listening

8. C'est décidé, je pars demain.

   - **A** leave
   - **B** am leaving
   - **C** will leave

9. Si j'avais été avertie, je serais venue plus tôt.

   - **A** were warned / would come
   - **B** had been warned / would come
   - **C** had been warned / would have come

10. Ils sont allés en Grande-Bretagne plusieurs fois.

- A have been
- B were
- C have gone

Transposez les phrases suivantes dans le passé.

Corrigé page 245

1. She says her grandma died 5 years ago.
   - A She says her grandma was dead 5 years ago.
   - B She said her grandma died 5 years ago.
   - C She said her grandma had died 5 years ago.
2. When it gets more difficult, he'll ask for a little help.
   - A When it was getting more difficult he asked for a little help.
   - B When it got more difficult, he'd ask for a little help.
   - C When it got more difficult, he had asked for a little help.
3. He explains he has bought these flowers for his girlfriend.
   - A He explained he had bought these flowers for his girlfriend.
   - B He explained he would buy these flowers for his girlfriend.
   - C He explained he bought these flowers for his girlfriend.

Focus Les modaux

Complétez les phrases suivantes avec le verbe de modalité qui convient.

1. I can see no reason why they __________.
   - A should refuse
   - B have refused
   - C had refused
2. It's early, you __________ hurry.
   - A shouldn't
   - B may not
   - C needn't

3. He was not feeling weel and he __________ go back.

   (A) must (B) will have to (C) had to

4. Let's have a cuppa, __________?

   (A) will we (B) isn't it (C) shall we

5. You __________ better remain silent.

   (A) would (B) had (C) will have

6. Had he not made so many mistakes he __________ his exam.

   (A) passed (B) would pass (C) would have passed

7. __________ you change your mind, please let us know.

   (A) Ought (B) Should (C) Could

8. Since we have a lot of things to do, I suggest we __________ at once.

   (A) shall start (B) to start (C) start

9. He __________ be home, he left his luggage in the hall.

   (A) can (B) must (C) was

10. I'll see him as soon as he __________.

    (A) arrives (B) will arrive (C) arrived

Focus Infinitif, base verbale ou verbe en *-ing*

Corrigé page 246

Complétez les phrases suivantes avec le ou les verbe(s) conjugué(s) comme il convient.

1. He couldn't help __________.

   (A) laughing (B) to laugh (C) laugh

2. After __________, please lock the door.

   (A) finish (B) finishing (C) finished

3. He ought __________ better.

   (A) do (B) doing (C) to do

Module 28
GRAND MIX

4. I don't agree with the idea of __________ back the news.

   A hold B holding C to hold

5. __________ is __________.

   A To see / to believe B Seen / believed C Seing / believing

6. He stopped __________ a drink. It was sweltering.

   A having B to have C have

7. He stopped __________ because he had a condition.

   A drinking B to drink C drink

8. This movie is worth __________.

   A to see B to be seen C seing

9. Keep __________!

   A to try B trying C to try

10. When he was younger he __________ a lot of sport.

   A used to do B is used to doing C uses to do

11. He watched her __________ toward him.

   A to walk B walked C walking

12. I can't __________ you go like this.

   A to let B let's C let

Complétez les phrases suivantes avec le verbe conjugué comme il convient.

1. He __________ to NY 3 months ago.

   A went B go C has gone

2. He __________ to be an honest and loyal man.

   A says B is saying C is said

3. I __________ about him when he suddenly came in.

   A talked B was talking C am talking

4. A leader should be a person who __________.

   (A) can respect (B) is respected (C) respects

5. They __________ to come, weren't they ?

   (A) are (B) weren't (C) were

Focus L'expression du futur

Parmi les propositions données, identifiez la seule traduction correcte.

Corrigé page 246

1. Le match commencera à 3 heures de l'après-midi.

   (A) The match is going to start at 3 pm.
   (B) The match starts at 3 pm.
   (C) The match will start at 3 pm.

2. Le Président inaugurera le nouveau musée samedi prochain.

   (A) The president is to open the new museum next Saturday.
   (B) The president will open the new museum next Saturday.
   (C) The president is going to open the new museum next Saturday.

3. Finalement, après hésitation, elle déménagera à Londres.

   (A) Finally, after some hesitation, she will move to London.
   (B) Finally, after some hesitation she is going to move to London.
   (C) Finally, after some hesitation she is moving to London.

4. Peter, tu ne vas pas porter cette cravate ridicule !

   (A) Peter, you won't wear this ridiculous tie, won't you?
   (B) Peter, you aren't going to wear this ridiculous tie, aren't you?
   (C) Peter you don't wear this ridiculous tie, don't you?

5. Tu vas rencontrer l'âme sœur, ne t'inquiète pas.

   (A) You will meet your soul mate, don't worry.
   (B) You are going to meet your soul mate, don't worry.
   (C) You are to meet your soul mate, don't worry.

Module 28
GRAND MIX

Parmi les propositions données, identifiez la seule phrase correcte.

1.

A By the end of next year, he is going to finish building his house.

B By the end of next year, he will have finished building his house.

C By the end of next year, he is to finish building his house.

2.

A There are big black clouds, there is going to be a storm.

B There are big black clouds, there will be a storm.

C There are big black clouds, there is to be a storm.

3.

A Bob is going to turn 18 next month.

B Bob is to turn 18 next month.

C Bob will turn 18 next month.

Corrigé page 246

4.

A The phone is ringing, I'll answer it.

B The phone is ringing, I am going to answer it.

C The phone is ringing, I am answering it.

Focus Exprimer le degré de certitude

Complétez les phrases suivantes avec le verbe qui convient.

1. Lorsque l'on est quasi certain que oui, on utilise __________.

A may B might C must

2. Lorsque l'on est quasi certain que non, on utilise __________.

A may B might C can't

3. Lorsqu'il y a autant de chances que cela se produise ou pas (= il se peut), on utilise __________.

   A may B might C could

4. Lorsque que c'est imaginable, on utilise __________.

   A may B might C could

5. Lorsque c'est très hypothétique (= il se pourrait), on utilise __________.

   A may B might C could

Parmi les propositions données, identifiez la seule traduction correcte.

Corrigé page 246

1. Il se peut qu'il vienne s'il trouve un covoiturage.
   - A He will come if he can carpool.
   - B He may come if he can carpool.
   - C He might come if he can carpool.

2. Cela ne peut pas être lui.
   - A It mustn't be him.
   - B It may be him.
   - C It can't be him.

3. Peter doit être en train de travailler.
   - A Peter must be working.
   - B Peter might be working.
   - C Peter may be working.

Module 28
GRAND MIX

Focus Traduire *dire, raconter*

Trouvez quelle proposition est correcte.

1.
- A Say the truth
- B Tell the truth

2.
- A Say the mass
- B Tell the mass

3.
- A He said to me
- B He told me

4.
- A Do as I say
- B Do as I tell

5.
- A He told no lies
- B He said no lies

Focus Quelques bizarreries

Trouvez les tournures de phrase correctes ou répondez aux questions posées.

Corrigé page 246

1. Lorsque quelqu'un vous dit : How do you do?
Vous devez répondre :
- A Fine thank you.
- B How do you do?
- C Pleased to meet you.

2.
- A If he had had a car, he would have come.
- B If he have had a car he would have come.
- C If he has has a car, he would have come.

3.

Corrigé page 246

- **A** I suggest you were on time at the meeting.
- **B** I suggest you are on time at the meeting.
- **C** I suggest you be on time at the meeting.

4.

- **A** I do do understand you.
- **B** I did did understand you.
- **C** I have have understood you.

5.

- **A** Bob has 20.
- **B** Bob is 20.
- **C** Bob does 20.

6.

- **A** Sharon has thirsty.
- **B** Sharon be thirsty.
- **C** Sharon is thirsty.

7.

- **A** My hair is long.
- **B** My hair are long.
- **C** My hairs is long.

8.

- **A** The unionists aren't agree with the company's management.
- **B** The unionists are disagree with the company's management.
- **C** The unionists don't agree with the company's management.

Module 28
GRAND MIX

Focus Les dérivés des verbes

Corrigé page 247

Trouvez le verbe formé à partir des noms suivants.

1. a threat (une menace) → menacer

   (A) to threat (B) to threatening (C) to threaten

2. a light (une lumière) → éclairer (plusieurs possibilités)

   (A) to light (B) to lighten (C) to enlighten

3. a piece of advice (un conseil) → conseiller

   (A) to advice (B) to advisen (C) to advise

4. the strength (la force) → renforcer

   (A) to strengthen (B) to strength (C) to strong

Trouvez le verbe formé à partir des adjectifs suivants.

1. worse (pire) → empirer

   (A) to enworse (B) to worsen (C) to worse

2. light (léger) → alléger

   (A) to light (B) to lighten (C) to lit

3. weak (faible) → affaiblir

   (A) to weak (B) to enweak (C) to weaken

4. deep (profond) → approfondir

   (A) to deep (B) to indeep (C) to deepen

Trouvez l'adjectif formé à partir des verbes suivants.

1. to depend (dépendre) → dépendant

   (A) dependable (B) dependful (C) dependance

2. to forget (oublier) → inoubliable

   (A) unforgetful (B) unforgetness (C) unforgettable

3. to believe (croire) → incroyable

   A unbelieveness   B unbelievation   C unbelievable

4. to predict (prédire) → prévisible

   A predicted   B predictable   C predictible

Trouvez le nom formé à partir des verbes suivants.

Corrigé page 247

1. to propose (proposer) → une proposition

   A a proposal   B a proposition   C a propose

2. to offer (offrir) → une offre

   A an offeral   B an offerty   C an offer

3. to depend (dépendre) → une dépendance

   A a dependence   B a dependance   C a dependency

4. to advise (conseiller) → un conseil

   A an advisement   B a piece of advice   C an advice

5. to swim (nager) → la natation

   A the swim   B the swimming   C the natation

6. to explain (expliquer) → une explication

   A an explication   B an explain   C an explanation

7. to complain (se plaindre) → une plainte

   A a complain   B a complanation   C a complaint

8. to expect (attendre) → une attente

   A expect   B an expectation   C an expectance

Module 28
GRAND MIX

Parmi les propositions données, identifiez l'antonyme des verbes suivants.

1. to understand (comprendre) → se méprendre

   (A) to ununderstand (B) to disunderstand (C) to misunderstand

2. to arm (armer) → désarmer

   (A) to unarm (B) to disarm (C) to misarm

3. to estimate (estimer) → sous-estimer

   (A) to underestimate (B) to disestimate (C) to unestimate

4. to accept (accepter) → ne pas accepter

   (A) to misaccept (B) to disaccept (C) to unaccept

Focus Les verbes qui expriment les tendances haussières

Parmi les propositions données, identifiez la seule traduction correcte.

1. Un marché qui explose.

   (A) a growing market

   (B) a booming market

   (C) a soaring market

Corrigé page 247

2. Des prix qui montent.

   (A) climbing prices

   (B) taking off prices

   (C) soaring prices

3. Le prix de l'essence s'envole.

   (A) The price of gasoline takes off.

   (B) The price of gasoline goes up.

   (C) The price of gasoline skyrockets.

4. Mon salaire a augmenté.
   - **A** My salary has increased.
   - **B** My salary has escalated.
   - **C** My salary has risen.

Focus Les verbes qui expriment les tendances baissières

Parmi les propositions données, identifiez la seule traduction correcte.

Corrigé page 247

1. L'inégalité diminue.
   - **A** Inequality is diminishing.
   - **B** Inequality is declining.
   - **C** Inequality is dropping.

2. Les cours du pétrole se sont effondrés.
   - **A** The price of oil collapsed.
   - **B** The price of oil decreased.
   - **C** The price of oil plummeted.

3. Les températures baissent.
   - **A** The temperatures are dropping.
   - **B** The temperatures are falling.
   - **C** The temperatures are plunging.

4. La demande chute.
   - **A** Demand decreases.
   - **B** Demand goes down.
   - **C** Demand falls.

Module 28
GRAND MIX

Focus Les verbes du regard

Parmi les propositions données, identifiez la seule traduction correcte.

1. Suivre du regard

   A to eye — B to glance — C to glaze

2. Jeter un regard furtif

   A to peep at — B to peer at — C to scan

3. Regarder fixement

   A to glare — B to peruse — C to stare

4. observer, regarder avec attention

   A to watch — B to peer — C to gaze

Focus Les verbes de perception

Corrigé page 247

Parmi les propositions données, identifiez la seule traduction correcte.

1. Entendre

   A to listen — B to hear — C to ear

2. Goûter

   A to taste — B to test — C to try

3. (re)sentir

   A to smell — B to feel — C to resent

4. Sembler

   A to semble — B to look like — C to seem

Focus Les verbes autour du monde du travail

Parmi les propositions données, identifiez la seule traduction correcte.

Corrigé page 247

1. Postuler (plusieurs possibilités)
   - A to apply
   - B to postulate
   - C to post

2. Embaucher
   - A to rent
   - B to employ
   - C to hire

3. Démissionner
   - A to dismiss
   - B to lay off
   - C to resign

4. Licencier (plusieurs possibilités)
   - A to make redundancies
   - B to lay off
   - C to fire

5. Faire un stage
   - A to make a stage
   - B to make a training
   - C to make an internship

6. Se reconvertir
   - A to make a reconvertion
   - B to restart
   - C to retrain

7. Congédier (plusieurs possibilités)

   A to dismiss

   B to sack

   C to fire

8. Passer un entretien d'embauche

   A to have a position

   B to have a job interview

   C to have a job meeting

Focus Les verbes qui permettent d'exprimer son opinion

Corrigé page 247

Parmi les propositions données, identifiez la seule traduction correcte.

1. Être d'accord

   A to be ok | B to agree | C to acknowledge

2. Être en désaccord

   A to disagree | B to regret | C to apologize

3. Souscrire à une idée

   A to reckon | B to support | C to subscribe

4. Penser

   A to believe | B to think | C to reckon

Focus Les verbes pour introduire une réponse, un fait, une opinion

Parmi les propositions données, identifiez la seule traduction correcte.

1. Indiquer

   A to indicate | B to point out | C to dictate

2. Répondre

Ⓐ to supply Ⓑ to say Ⓒ to answer

3. Exhorter (plusieurs possibilités)

Ⓐ to urge Ⓑ to encourage Ⓒ to exhort

4. Se demander

Ⓐ to ask oneself Ⓑ to wander Ⓒ to wonder

Focus Les verbes autour de la maison

Corrigé page 247

Parmi les propositions données, identifiez la seule traduction correcte.

1. Cuisiner

Ⓐ to cook Ⓑ to coke Ⓒ to cooker

2. Nettoyer

Ⓐ to clear Ⓑ to clean Ⓒ to cream

3. Habiter

Ⓐ to live Ⓑ to life Ⓒ to home

4. Déménager

Ⓐ to quit Ⓑ to go away Ⓒ to move out

Module 28
CORRIGÉ

Grand mix

PAGE 196
La voix passive
1 C 2 A 3 C

PAGES 196 - 197
L'expression du souhait et du regret
1 B 2 B 3 A 4 C 5 C 6 B

PAGES 197 - 199
La concordance des temps
1 B 2 C 3 B 4 C 5 A 6 C 7 B 8 C 9 C 10 A 11 B 12 A 13 C 14 B 15 C 16 B 17 C 18 B 19 C 20 A 21 C 22 A 23 A et B 24 C

PAGES 200 - 201
Le discours indirect
1 C 2 B 3 B 4 A 5 C 6 B 7 C 8 B

PAGES 201 - 203
Quelques tournures de phrases utiles
1 B 2 C 3 B 4 A 5 B 6 A, B et C 7 B 8 A, B et C 9 A 10 C

PAGE 203
Les *question tags*
1 B 2 C 3 A 4 B 5 C

PAGES 203 - 204
Autour des expressions du temps
1 C 2 C 3 B 4 C 5 C

PAGES 204 - 205
Quelques expressions courantes
1 B 2 B 3 B 4 B 5 A 6 B 7 A

PAGE 206
Les verbes irréguliers
1 C 2 B 3 B 4 A 5 C

PAGE 207
Le discours direct
1 A et B 2 A 3 C

PAGE 207
Les verbes à particule
1 C 2 A 3 B 4 C 5 C

PAGES 208 - 211
Formes simples et composées des verbes
1 C 2 B 3 C 4 C 5 B 6 C 7 B 8 C 9 A 10 C 11 C 12 A 13 B 14 C 15 C 16 A 17 C 18 A et B 19 C 20 C

Grand mix

PAGES 211 - 213
Du français vers l'anglais
1 A et C 2 B et C 3 C 4 C 5 A 6 B 7 C 8 A, B et C 9 B 10 A
11 C 12 A 13 B

PAGES 213 - 214
La place de l'adverbe
1 B 2 A 3 B 4 B 5 C 6 C

PAGES 214 - 215
Traduire le *on* français
1 C 2 B 3 A

PAGES 215 - 216
Les temps
1 B 2 A 3 C 4 A 5 A, B et C 6 A et B

PAGES 216 - 217
Les modaux
1 C 2 A 3 C 4 B
1 B 2 C 3 A 4 B

PAGES 217 - 218
Les questions
1 A 2 A 3 B
1 C 2 A 3 B

PAGE 219
Les verbes à particule
1 C 2 B 3 C

PAGE 219
Le verbe **would**
1 B 2 A 3 C

PAGE 220
Les verbes irréguliers
1 C 2 B 3 A 4 C

PAGES 220 - 222
Les temps
1 B 2 A 3 B 4 C 5 A 6 B 7 C 8 B 9 C 10 A
1 C 2 B 3 A

PAGES 222 - 223
Les modaux
1 A 2 C 3 C 4 C 5 B 6 C 7 B 8 C 9 B 10 A

Module 28
CORRIGÉ

Grand mix

PAGES 223 - 225
Infinitif, base verbale et verbe en **-ing**
1 A 2 B 3 C 4 B 5 C 6 B 7 A 8 C 9 B 10 A 11 C 12 C
1 A 2 C 3 B 4 B 5 C

PAGES 225 - 226
L'expression du futur
1 B 2 A 3 C 4 B 5 A
1 B 2 A 3 C 4 A

PAGES 226 - 227
Exprimer le degré de certitude
1 C 2 C 3 A 4 C 5 B
1 B 2 C 3 A

PAGE 228
Traduire *dire*, *raconter*
1 A 2 A 3 B 4 A 5 A

PAGES 228 - 230
Quelques bizarreries
1 B 2 A 3 C 4 A 5 B 6 C 7 A 8 C 9 A 10 A

PAGES 230 - 231
Le travail de reformulation
1 C 2 B 3 C 4 C 5 A 6 B

PAGES 231 - 232
La forme contractée des auxiliaires
1 B 2 A 3 B 4 A 5 A

PAGE 232
Be dead ou **died** ?
1 A 2 A 3 C 4 B

PAGES 232 - 233
Talk ou **speak** ?
1 B 2 A 3 A 4 B 5 B

PAGES 233
Take ou **have** ?
1 A 2 A 3 B 4 A 5 A

PAGES 233 - 234
Make ou **do** ?
1 A 2 A 3 B 4 B 5 B

PAGE 234
Les adjectifs en **-ed** ou **-ing**
1 A 2 B 3 B 4 A

PAGES 234 - 235
Anglais, français : 2 langues, 2 cultures
1 B 2 B 3 A 4 A

Module 28
CORRIGÉ

VOTRE SCORE :

Grand mix

PAGE 235
Let's have some fun!
1 B 2 A 3 B 4 A

PAGES 236 - 238
Les dérivés des verbes
1 C 2 C 3 C 4 A
1 B 2 B 3 C 4 C
1 A 2 C 3 C 4 B
1 A 2 C 3 A 4 B 5 B 6 C 7 C 8 B
1 C 2 B 3 A 4 C

PAGES 238 - 239
Les verbes qui expriment les tendances haussières
1 B 2 C 3 C 4 A

PAGE 239
Les verbes qui expriment les tendances baissières
1 B 2 C 3 A 4 C

PAGE 240
Les verbes du regard
1 C 2 A 3 C 4 A

PAGE 240
Les verbes de la perception
1 B 2 A 3 B 4 C

PAGES 241 - 242
Les verbes autour du monde du travail
1 C et B 2 C 3 C 4 A, B et C 5 C 6 C 7 A, B et C 8 B

PAGE 242
Les verbes qui permettent d'exprimer une opinion
1 B 2 A 3 C 4 B

PAGES 242 - 243
Les verbes pour introduire une réponse, un fait, une opinion
1 B 2 C 3 A, B et C 4 C

PAGE 243
Les verbes autour de la maison
1 A 2 B 3 A 4 C

Vous avez obtenu entre 0 et 108 ? Reprenez chaque question en regardant les endroits où vous avez fait des erreurs.

Vous avez obtenu entre 109 et 216 ? C'est très moyen, mais ne vous découragez pas.

Vous avez obtenu entre 217 et 324 ? Formidable ! Analysez les erreurs et, si besoin, révisez la ou les notions que vous ne maîtrisez pas complètement.

Vous avez obtenu 235 et plus ? You're really very good!

Module 29
VOCABULARY

Liste exhaustive des verbes irréguliers anglais

Infinitif	Prétérit	Participe Passé	Traduction
abide	abode	abode	*demeurer*
arise	arose	arisen	*s'élever, survenir*
awake	awoke	awoken	*(se) réveiller*
be	was / were	been	*être*
bear	bore	borne	*supporter*
beat	beat	beaten	*battre*
become	became	become	*devenir*
begin	began	begun	*commencer*
bend	bent	bent	*(se) courber*
bet	bet	bet	*parier*
bid	bid	bid	*offrir (un prix)*
bind	bound	bound	*lier, relier*
bite	bit	bitten	*mordre*
bleed	bled	bled	*saigner*
blow	blew	blown	*souffler*
break	broke	broken	*casser*
breed	bred	bred	*élever (du bétail)*
bring	brought	brought	*apporter*
build	built	built	*construire*
burn	burnt	burnt	*brûler*
burst	burst	burst	*éclater*
buy	bought	bought	*acheter*
cast	cast	cast	*jeter, lancer*
catch	caught	caught	*attraper*
choose	chose	chosen	*choisir*
cling	clung	clung	*s'accrocher*
come	came	come	*venir*
cost	cost	cost	*coûter*
creep	crept	crept	*ramper*

cut	cut	cut	*couper*
deal	dealt	dealt	*distribuer*
dig	dug	dug	*creuser*
do	did	done	*faire*
draw	drew	drawn	*dessiner*
dream	dreamt	dreamt	*rêver*
drink	drank	drunk	*boire*
drive	drove	driven	*conduire*
dwell	dwelt	dwelt	*habiter*
eat	ate	eaten	*manger*
fall	fell	fallen	*tomber*
feed	fed	fed	*nourrir*
feel	felt	felt	*sentir, éprouver*
fight	fought	fought	*combattre*
find	found	found	*trouver*
flee	fled	fled	*s'enfuir*
fling	flung	flung	*jeter violemment*
fly	flew	flown	*voler*
forbid	forbade	forbidden	*interdire*
forget	forgot	forgotten	*oublier*
forgive	forgave	forgiven	*pardonner*
freeze	froze	frozen	*geler*
get	got	got	*obtenir*
give	gave	given	*donner*
go	went	gone	*aller*
grind	ground	ground	*moudre*
grow	grew	grown	*grandir*
hang	hung	hung	*pendre, accrocher*
have	had	had	*avoir*
hear	heard	heard	*entendre*
hide	hid	hidden	*(se) cacher*

Module 29
VOCABULARY

hit	hit	hit	*frapper, atteindre*
hold	held	held	*tenir*
hurt	hurt	hurt	*blesser*
keep	kept	kept	*garder*
kneel	knelt	knelt	*s'agenouiller*
know	knew	known	*savoir, connaître*
lay	laid	laid	*poser à plat*
lead	led	led	*mener*
lean	leant	leant	*s'appuyer*
leap	leapt	leapt	*sauter*
learn	learnt	learnt	*apprendre*
leave	left	left	*laisser, quitter*
lend	lent	lent	*prêter*
let	let	let	*permettre, louer*
lie	lay	lain	*être étendu*
light	lit	lit	*allumer*
lose	lost	lost	*perdre*
make	made	made	*faire, fabriquer*
mean	meant	meant	*signifier*
meet	met	met	*(se) rencontrer*
mow	mowed	mown	*tondre*
overcome	overcame	overcome	*surmonter, vaincre*
pay	paid	paid	*payer*
put	put	put	*mettre*
quit	quit	quit	*cesser (de)*
read	read	read	*lire*
rid	rid	rid	*débarrasser*
ride	rode	ridden	*chevaucher*
ring	rang	rung	*sonner*
rise	rose	risen	*s'élever, se lever*
run	ran	run	*courir*

saw	sawed	sawn	*scier*
say	said	said	*dire*
see	saw	seen	*voir*
seek	sought	sought	*chercher*
sell	sold	sold	*vendre*
send	sent	sent	*envoyer*
set	set	set	*fixer*
sew	sewed	sewn	*coudre*
shake	shook	shaken	*secouer*
shear	sheared	shorn	*tondre (des moutons)*
shed	shed	shed	*verser (des larmes)*
shine	shone	shone	*briller*
shoe	shod	shod	*ferrer, chausser*
shoot	shot	shot	*tirer*
show	showed	shown	*montrer*
shrink	shrank	shrunk	*rétrécir*
shut	shut	shut	*fermer*
sing	sang	sung	*chanter*
sink	sank	sunk	*couler*
sit	sat	sat	*être assis*
sleep	slept	slept	*dormir*
slide	slid	slid	*glisser*
sling	slung	slung	*lancer (avec force)*
slink	slunk	slunk	*aller furtivement*
slit	slit	slit	*fendre, inciser*
smell	smelt	smelt	*sentir (odorat)*
sow	sowed	sown	*semer*
speak	spoke	spoken	*parler*
speed	sped	sped	*aller à toute vitesse*
spell	spelt	spelt	*épeler*
spend	spent	spent	*dépenser*

Module 29
VOCABULARY

spill	spilt	spilt	*renverser (un liquide)*
spit	spat	spat	*cracher*
split	split	split	*fendre*
spoil	spoilt	spoilt	*gâcher, gâter*
spread	spread	spread	*répandre*
spring	sprang	sprung	*jaillir, bondir*
stand	stood	stood	*être debout*
steal	stole	stolen	*voler, dérober*
stick	stuck	stuck	*coller*
sting	stung	stung	*piquer*
stink	stank	stunk	*puer*
stride	strode	stridden	*marcher à grands pas*
strike	struck	struck	*frapper*
string	strung	strung	*enfiler, tendre (une corde)*
strive	strove	striven	*s'efforcer*
swear	swore	sworn	*jurer*
sweep	swept	swept	*balayer*
swell	swelled	swollen	*enfler*
swim	swam	swum	*nager*
swing	swung	swung	*se balancer*
take	took	taken	*prendre*
teach	taught	taught	*enseigner*
tear	tore	torn	*déchirer*
tell	told	told	*dire, raconter*
think	thought	thought	*penser*
throw	threw	thrown	*jeter*
thrust	thrust	thrust	*enfoncer*
tread	trod	trodden	*fouler aux pieds*
undergo	underwent	undergone	*subir*

understand	understood	understood	*comprendre*
upset	upset	upset	*bouleverser*
wake	woke	woken	*(se) réveiller*
wear	wore	worn	*porter (des vêtements)*
weave	wove	woven	*tisser*
weep	wept	wept	*pleurer*
win	won	won	*gagner*
wind	wound	wound	*enrouler*
withdraw	withdrew	withdrawn	*(se) retirer*
wring	wrung	wrung	*tordre*
write	wrote	written	*écrire*

Module 29
VOCABULARY

Les verbes anglais faux-amis

to abuse	*maltraiter*
to argue	*se disputer*
to assist	*aider*
to attend	*assister*
to edit	*préparer / modifier*
to be engaged	*être fiancé*
to be a trainee	*être stagiaire*
to be retarded	*avoir un retard mental*
to balance	*équilibrer*
to beg	*mendier / supplier*
to bless	*bénir*
to charge	*facturer*
to complete	*terminer*
to cry	*pleurer*
to deceive	*tromper*
to delay	*retarder*
to demand	*exiger*
to exhibit	*exposer*
to expose	*démasquer / mettre à nu*
to lecture	*faire un cours*
to face	*faire front*
to figure	*estimer*
to injure	*blesser*
to issue	*délivrer / publier / lancer*
to matter	*avoir de l'importance*

to object	*ne pas être d'accord*
to pass	*réussir*
to phrase	*formuler*
to eport	*signaler*
to pretend	*faire semblant*
to prevent	*empêcher*
to rest	*se reposer*
to resume	*reprendre / se remettre à*
to retire	*prendre sa retraite*
to signal	*faire signe à quelqu'un*
to supply	*fournir*
to support	*soutenir*
to survey	*examiner*

Module 29
VOCABULARY

Les 100 verbes anglais les plus usités

to agree	*être d'accord*
to allow	*permettre*
to answer	*répondre*
to ask	*demander*
to be	*être*
to become	*devenir*
to begin	*commencer*
to believe	*croire*
to borrow	*emprunter*
to break	*casser*
to bring	*apporter*
to build	*construire*
to buy	*acheter*
to call	*appeler*
to carry	*porter*
to change	*changer*
to choose	*choisir*
to close	*fermer*
to come	*venir*
to cut	*couper*
to decide	*décider*
to do	*faire*
to dream	*rêver*
to drink	*boire*
to drive	*conduire*

to eat	*manger*
to explain	*expliquer*
to fall	*tomber*
to feel	*sentir, ressentir*
to fill	*remplir*
to find	*trouver*
to finish	*finir*
to follow	*suivre*
to fly	*voler*
to forget	*oublier*
to get	**get** possède une multitude de sens dont *recevoir, obtenir, acquérir / devenir*
to give	*donner*
to go	*aller*
to happen	*se passer, se produit, arriver* (dans le sens de : *cela arrive*)
to have	*avoir*
to hear	*entendre*
to help	*aider*
to hold	*tenir, attraper*
to keep	*garder* (**to keep** + verbe en **-ing** = *continuer à*)
to know	*savoir*
to learn	*apprendre*
to leave	*partir, quitter*
to like	*aimer (bien)*
to listen	*écouter*
to live	*vivre*

Module 29
VOCABULARY

to look	*regarder*
to lose	*perdre*
to make	*faire*
to mean	*vouloir dire, signifier*
to meet	*rencontrer / faire la connaissance de / se réunir*
to move	*bouger / se déplacer*
to need	*avoir besoin de*
to open	*ouvrir*
to pay	*payer*
to play	*jouer*
to promise	*promettre*
to put	*mettre*
to read	*lire*
to run	*courir*
to say	*dire*
to see	*voir*
to sell	*vendre*
to seem	*sembler*
to send	*envoyer*
to set	*placer / monter / mettre en marche*
to show	*montrer*
to sit	*s'asseoir*
to sleep	*dormir*
to speak	*parler*
to spend	*dépenser / passer (du temps)*

to stand	*se tenir debout, être debout*
to start	*commencer*
to stop	*arrêter*
to study	*étudier*
to suggest	*suggérer*
to take	*prendre*
to talk	*parler*
to teach	*enseigner*
to tell	*dire / raconter*
to think	*penser*
to travel	*voyager*
to try	*essayer*
to turn	*tourner*
to understand	*comprendre*
to use	*utiliser*
to wait	*attendre*
to wake up	*se réveiller*
to walk	*marcher*
to want	*vouloir*
to watch	*regarder*
to win	*gagner*
to work	*travailler*
to worry	*s'inquiéter*
to write	*écrire*

Dépôt légal : juillet 2019 - N° d'édition : 3909
ISBN : 978-2-7005-0836-9

Achevé d'imprimer en Slovénie par
DZS Grafik - août 2019
www.assimil.com